香港人北上用 支 **Alipay**HK 港幣付款

搭地鐵 Call車
行超市 點餐都OK

免手續費，消費同時賺 xf A. Point

AlipayHK 北上輕鬆Pay小貼士

1
搜尋 🔍 高德
無內地電話號碼
都可以Call到車！

2
搜尋 🔍 高鐵
提前預訂高鐵車飛，
極速出票！

3
搜尋 🔍 內地餐廳/商戶名稱
進入小程式，提前落單
免排隊！

4
搜尋 🔍 內地優惠專區
一次過拎晒熱門
商戶優惠！

5
搜尋 🔍 體檢洗牙
提前預約大灣區
體檢/洗牙服務！

掃碼睇北上攻略

支 | **Alipay**+ | **Alipay**HK

值支付工具牌照牌號碼：SVF0004

san¹ ging² dim² !

佛山

旅遊 新 情報

2024~25 最新版

西DorSi 著

知出版

推薦序一

不經不覺認識西 DorSi 已超過 10 年，我們是香港中文大學的校友，但真正認識是始於畢業後參加義務工作活動，及後一直保持聯絡，也算是見證了他 YouTube Channel 的整個發展歷程，於 2017 年前後由零開始，到今天已是香港知名的 YouTuber 之一。除了眾所周知的認真製作，也感受到他的堅持和紀律，營運 YouTube Channel 就像是自己開了一個「小型電視台」，且要「一腳踢」，真的一點都不簡單，很高興可以見證他的成功。

今次十分榮幸可以為他的新書《佛山旅遊新情報》撰寫推薦序，再次見證一個認真製作的誕生，也可以享受到先睹為快的「福利」！近年，北上吃喝玩樂成風，然而比較多香港朋友關注的地點相信仍然是深圳，很高興西 DorSi 繼續為我們開發更多適合港人的旅遊熱點，將「版圖」進一步擴展。我細閱當中的內容時，已經為自己安排一次佛山之行！

我在 2015 年前後，因工作關係曾經在廣州住了約一年時間，及後幾年都定期往返廣州和香港，雖然不是吃喝玩樂的達人，但作為一個消費者都感受到當中的轉變，不單只交通越來越方便，各方面的消費體驗的確提升了不少，已不只價廉那麼簡單，套用現時的用語，就是「性價比高」。我從事理財行業 17 年，特別專注於退休策劃和家庭資產配置，在 2020 年至 2022 年間擔任過香港財務策劃師學會主席，有份發起香港第一份關於退休的真實開支調查，何謂「真實」呢？因為所有調查對象都是已退休的港人，深入了解香港退休人士的開支水平和財務習慣，在第四份發佈的報告中發現退休人士愛到內地消費，平均每兩月一次，每次平均花費 1,350 人民幣。所以，「北上消費」的人群是非常廣泛的，相信在未來與退休策劃也有微妙關係。

有些人說在香港退休很難，常見原因之一是物價水平高，但是「北上消費」為我們提供了更多選擇，對於降低退休開支或者有另類奇效。我猜測隨着越來越多退休人士習慣了「北上消費」後，下一個或者會見到的現象可能是「北上養老」，同一筆退休儲備在香港用和在內地某些城市使用，在內地相信是更加「襟用」，而且退休不只是「講錢」，在內地的生活空間無疑是更加廣闊，室內和室外也如是，我都參觀過內地的老人院，跟香港的比較之下，感受很深。所以，我在未來會爭取機會發起「中港兩地退休」的研究。當然，研究做不做也好，我也會繼續觀看西 DorSi 的頻道，了解更多一手的吃喝玩樂情報，任何年齡都「啱」！在此祝《佛山旅遊新情報》一紙風行！誠意推薦給大家！

李澄幸
（Ray Lee）

認可財務策劃師
香港財務策劃師學會前主席
暢銷理財書籍作家
（著作包括《移英財稅七步走》及《港樓變薪術》等）

推薦序二

實在始料不及！

西 Dorsi 第一部作品《深圳旅遊新情報》大賣所造成的效應實在令我有很多始料不及！

第一個始料不及是，雖然現在有大量旅遊攻略視頻出現在網路中，但從銷量所見，反映仍然有很多人願意帶上一本西兄寫的實體書來旅遊，在碎片化的網路爬文中，一本鉅細靡遺的實體書能讓讀者一次過掌握該地區旅遊關鍵資訊，既方便又齊全，只是沒想到受歡迎程度會遠超當初想像！

第二個始料不及是西兄的《深圳旅遊新情報》亦是復常之後首本介紹深圳旅遊的實體書，推出之後所帶來深港旅遊的經濟效益，引起深圳大型商圈的高度重視，所以在過去一年看到有更多深圳的大型商場推出與西 Dorsi 聯名的折扣優惠，讓一直有關注西 Dorsi 的讀者們能得到更多遊深的福利。一本書帶來商圈與讀者的雙贏局面，雖然令我始料不及，但看到好友這部作品深受各界好評和肯定，我亦感到與有榮焉！

這次見到西兄再接再厲，進一步擴展他的旅遊版圖，過去一年亦見他密密花了大量時間作資料搜集，多次往返實地探店。記得在過去的影片中，西兄亦帶我暢遊廣佛，探本溯源搜尋地道美食，亦教我利用最新的高速鐵路，省錢又省時地暢玩更多地方，因此我亦很期待這次西兄的《佛山旅遊新情報》又會為我們帶來怎樣的新觀點和新玩法？相信西兄會繼續為我們帶來意想不到的驚喜！

LEO@YOLIVING
澳門 YouTuber
著作：《澳門旅遊新情報 2024~25 最新版》

作者序

承蒙各位厚愛和支持，乘通關後北上熱潮的時代列車，我於 2023 年撰寫的《深圳旅遊新情報 2023~24》多次登上各大書店的暢銷榜。於是出版社希望我在今年可以再寫一本介紹大灣區其他城市的書。原本出版社很想我寫離香港只有一海之隔，因港車北上政策令較多港人到訪的珠海；又或者與香港關係更為密切的省會廣州，為何我最終會編寫佛山呢？主要原因有以下五個。

一，佛山歷史文化底蘊深厚。明清期間的佛山是四大名鎮之一，自古名人輩出，市內現存古跡眾多。而佛山的陶藝、醫術、武術等方面在歷史上皆大放異彩，很適合大家作城市深度遊，親身體驗佛山的嶺南文化。

二，佛山超適合我這種吃貨遊玩。正所謂「食在廣州、廚出鳳城」，佛山市順德區不但是世界美食之都，更被不少人視作粵菜發源地之一，佛山不少美食至今仍讓我回味無窮。我甚至覺得回到深圳後，很多以往覺得味道還算不錯的食物，如今已略感乏味。而寫完這本書之後，不少人都說我胖了不少 XD～

三，貴為新一線城市的佛山，除了有大城市風貌，亦有不少鄉郊原野很適合探險。還記得今年整個 3 月大部分日子都是天陰陰，我在佛山等了一個星期，終於等到晴天！最終順利看到萬里無雲下的一大片油菜花田、山谷中的碧綠湖水……頓時覺得一切的等待都是值得的。

四，香港前往佛山的交通近年變得越來越方便。位處廣佛交界的廣州南站現時有兩條地鐵線可直達佛山，最快 10 分鐘即可到達就近景點；加上由港珠澳大橋珠海口岸前往順德區，車程約只需 1 小時，很適合港車北上人士自駕遊。

五，佛山過去數年的變化是大家有目共睹的。作為一本主力介紹城市新景點的旅遊書，佛山為我提供了源源不絕的素材。此書頁數更達到驚人的 256 頁，是此系列旅遊書中暫時頁數最多的一本。

由於小弟於佛山並無固定居所，所以過去大半年來經常多次往返深圳及佛山，撰寫此書所投入的心血及成本，遠比《深圳》為多；期間所面對的困難，也遠超我以往做過的任何一件事。所以儘管你未必對佛山有太大興趣，我也很希望你可以將此書帶回家，讓我帶你雲遊佛山，甚至親身再到佛山一遊。

最後，特別鳴謝佛山市文旅局提供的寶貴資料！感謝順德兩位好友不厭其煩陪我周圍搵食！以及知出版對我多次推遲交稿的包容 XD～

再次感謝大家對拙作的支持！

西 DorSi

目錄

分區地圖

佛山市鐵路圖
可掃描上方 QR code。

三水區
p.208

南海區
p.80

高明區
p.228

禪城區
p.14

順德區
p.112

遊佛須知

香港出發交通

高鐵：

1. 香港西九龍站→佛山西站、三水南站
2. 香港西九龍站→廣州南站→地鐵或城軌

船：

尖沙咀中港城→順德港

巴士：

香港各區→跨境直通巴士

注意

1. 香港永久居民須憑香港身份證和回鄉證前往內地
2. 高鐵票最早可提前 15 日於 12306 app 購買
3. 跨境直通巴士雖能更直接到達佛山某些區域（例如高明區），但每日班次較少，詳情請到直通巴士公司網頁查閱班次及目的地。

佛山交通

佛山位處廣東省南部，緊鄰廣州市。2003 年起劃分為禪城區、順德區、南海區、三水區和高明區。廣州及佛山市中心由於十分接近，所以隨着都市發展，兩座城市之間的界線也變得十分模糊，甚至有「廣佛同城」的概念。自 2010 年內地首條跨越兩城的地鐵路線「廣佛線」開通後，港人往佛山自遊行就變得更方便，可以選擇先坐高鐵到廣州南站，再轉乘地鐵前往佛山。疫情期間，廣佛之間又再開通多兩條跨城地鐵線——佛山地鐵 2 號線及廣州地鐵 7 號線二期。兩線均連通廣州南站，讓我們可以更便捷地直達佛山部分著名景點。

注意

1. 乘搭地鐵方法：購買地鐵單程票、嶺南通卡、內地版支付寶／微信乘車碼、銀聯雲閃付乘車碼。
2. 由於廣州及佛山地鐵已互相駁通，你可在廣州地鐵的車站入閘，並於佛山地鐵的車站出閘。所以即使只是乘坐佛山地鐵路線，你也可以使用 AlipayHK 的廣州地鐵公共交通碼入閘乘車，包括有軌電車。

▲ AlipayHK 廣州乘車碼，佛山地鐵可用。

3. 乘搭巴士方法：嶺南通卡、內地版支付寶／微信乘車碼、銀聯雲閃付乘車碼、AlipayHK 廣佛通乘車碼。
4. 新款實體／電子版深圳通均有「交通聯合」標誌，亦適用於佛山等地。只要看到公共交通工具如巴士、地鐵、電車等有張貼該標誌，即可用有「交通聯合」標誌的深圳通支付車費，一卡通行全國 327 個城市。但部分城市不能為深圳通增值，建議出行前先增值多一點餘額。

▲ AlipayHK 廣佛通，佛山巴士可用。

高鐵城軌站

由香港西九龍直達的高鐵站只有佛山西站以及三水南站，但由於廣州南站其實鄰近廣東及佛山交界處，而且有 2 條地鐵線可前往佛山，經廣州南站往佛山遊玩是更方便的選擇。而從廣州南站轉乘至城軌站，亦可前往順德、順德學院、容桂等地。

另外於 2024 年 5 月開通的廣佛南環及佛莞城際鐵路，現時與廣肇城際及莞惠城際四線貫通營運。整條路線橫跨大灣區 5 城、全長 258 公里，俗稱「灣區大號地鐵」。該路線雖然途經佛山多地，但由香港出發乘搭該線，須先前往廣州南站，出站後再經長長的站外通道前往番禺站換乘，比較麻煩；加上途經的佛山站點大多有地鐵途經，而其班次亦遠較地鐵疏落，不建議大家乘搭該線遊覽佛山。

地鐵、有軌電車

除橫跨廣州及佛山，途經禪城及南海區的廣佛線，近年佛山亦開通了 3 條地鐵線及 1 條有軌電車，當中佛山地鐵 2 號線及廣州地鐵 7 號線可於廣州南站乘搭。

▲ 廣州南站高鐵站設有地鐵免安檢通道，乘坐高鐵下車後可依照指示牌方向前進，即可省卻再次安檢的步驟進入地鐵站範圍，對攜帶大件行李的旅客較為方便。

佛山地鐵 2 號線：路線來往廣州南站及南莊站，途經禪城區石灣鎮、張槎及南莊街道、南海區桂城街道及順德陳村一帶，為第二條開通營運的廣佛跨市地鐵路線。

▲ 由於興建廣州南站時並無預留興建佛山地鐵 2 號線月台的位置，所以進站後需於站內通道步行 700 多米才能到達月台，約需 10 分鐘左右。不過由於路線途經佛山中心城區以及多個景點，經該線轉乘廣佛線前往禪城區祖廟等地也較為方便，因此雖然換乘通道較長，該線仍是我前往禪城區遊玩的首選路線。

2022 年 5 月 OPEN

廣州地鐵 7 號線：有別於月台設在離高鐵站較遠的佛山地鐵 2 號線，廣州地鐵 7 號線廣州南站的月台建在高鐵站地底的預留位置。由這裏只需坐 3 個站，即可到達陳村粉的發源地陳村，由高鐵下車起計只需徒步十多分鐘。所以現時港人坐高鐵往順德玩，甚至比去廣州大部分景點都方便呢！

除了陳村，7 號線亦途經順德北部近年迅速發展的北滘。由於在北滘起家的著名電器製造商美的集團對北滘有很大貢獻，所以本路線有兩站亦是以「美的」來命名。

2022 年 12 月 OPEN

佛山地鐵 3 號線：路線來往順德學院站及鎮安站，途經順德區大良、倫教、北滘及樂從，以及禪城區祖廟及石灣鎮街道，當中包括順德不少重要景點，如清暉園、順峰山公園、歡樂海岸 PLUS 等。該路線將來會延長至順德港、佛山高鐵站及佛山西站。

南海有軌電車 1 號線：

▲ 途經南海桂城多地，現時由佛山地鐵營運，所以由地鐵林岳西站轉乘該路線毋須出閘，部分方向更可於對面月台轉乘。

▲ 路線沿途車站設計與地鐵站類似，須先進行安檢，再購票入閘。由於屬佛山地鐵營運，可以使用任何能乘搭佛山地鐵的交通卡或乘車碼入閘。

網約車

佛山部分地區由於交通不太方便，建議以手機 App 召喚網約車前往。於內地召喚網約車的方法繁多，以下以 AlipayHK App 作示範。

▲ 首頁搜索框輸入「高德打車」。

▲ 進入高德打車頁面，通常已自動定位當前位置。

▲ 如需修改起點可手動輸入或在地圖上移動地點。

▲ 確認起點之後，在「你要去哪裏」輸入目的地。

◀ 程式會自動生成預計路線，通過下滑頁面勾選 / 取消車型：經濟型、出租車、優享型、六座商務車等。如須乘坐六座商務車，請謹記先取消選擇其他車型。選擇車型後點擊下方「同時呼叫」。

◀ 司機接單，頁面會顯示車牌號碼、車輛顏色、距離你還有多遠等信息。如有需要可通過頁面號碼致電或傳信息功能聯絡司機。另外如在高鐵站等有多個停車位的上車點，司機通常會主動致電聯絡，請確保綁定 AlipayHK 的電話號碼能於內地接聽。通過車牌辨認上車，上車後可與司機確認 Call 車所使用的電話號碼後四位。到達目的地下車，線上完成支付即可。

小貼士　部分路線如另產生高速費用、過橋費等收費，司機可於訂單中添加，乘客最後線上支付即可。切記不要跟司機進行任何線下交易，有部分司機會向乘客要求支付線下跨城費用，甚或取消線上訂單轉線下交易等要求，乘客皆可拒絕。個人經驗是通常愈貴的車型，遇上以上情況的機會愈少。如有任何安全疑慮請立即下車，有任何疑問亦可聯絡高德打車線上客服。

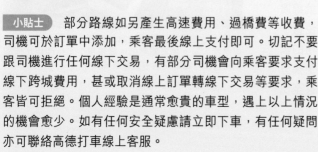

高速公路費

- 本次行程可能經過收費路段，預計額外產生高速公路費 13元，如你需要高速公路費單據，建議你要求司機經人手收費通道通過，並主動向司機索取單據。

- 高速公路費、過橋費及過橋費、清潔費及其他費用按行駛過程中司機實際墊付的金額收取。

我知道了

查詢交通路線

此書雖有提供前往絕大部分景點的方法，但內地交通網絡發展日新月異，建議可以地圖 App 查詢最新的交通路線。以下以高德地圖 App 作示範。

▲ 首頁搜尋框輸入商戶名 / 地點名。

▲ 會顯示具體地址、營業時間等基本信息。

▲ 按右下角「路線」即顯示不同的巴士及地鐵路線。

▲ 點擊進入推薦路線可獲取交通路線方法。

◀ 如需設置下車提醒，可點擊右下角「開始導航」；亦可「放到首頁」，方便隨時進入地圖 App 查看。

電動單車

佛山部分地區提供「美團」及「騎電」等品牌的共享電動單車，部分可以回鄉證實名認證後租用。其中「騎電」起步價 ¥2.5/10 分鐘，比部分每 5 分鐘 ¥1 稍貴。

▼ 請謹記開電動單車須全程配戴頭盔，共享電動單車上亦會配備共享頭盔。

支付方式

現金： 內地法例規定商戶不可以拒收現金。但由於內地商戶已經較少接觸現金，有可能不夠零錢找贖，建議預先準備足夠零錢方便消費。

香港跨境支付工具： 現時不少港人常用的電子支付工具均有推出跨境支付功能，便利沒有內地銀行戶口的港人。唯各支付工具的適用範圍不一，亦暫時未有任何一個支付工具於內地所有消費情境均能成功支付。建議可多申請幾個跨境支付工具以便順利消費。另外大部分支付工具須進行身份認證才能於內地使用。

常見跨境支付工具內地商戶接受情況（截至 2024 年 5 月底）：

AlipayHK	幾乎能於所有線下消費情境使用（包括小店提供的各種收款碼），支援部分商戶的小程式網上下單，以及部分網上消費情境
銀聯二維碼 App（如 BOC pay、八達通銀聯卡等）	部分線下商戶可使用，大型商戶、大型連鎖店、使用銀行提供的收款碼收款的小店通常都能支援
銀聯雲閃付	同上，外加可支援小部分網上消費情境
WeChat Pay HK	連鎖店支援程度較高，支援大部分商戶的微信小程式網上下單，以及部分網上消費情境

上述支付工具均能輕鬆綁定香港銀行卡，部分更可使用信用卡。除銀聯雙幣卡綁定雲閃付情況，其餘均以當日匯率即時兌換港幣結算，而匯率亦通常比找換店優勝，用信用卡亦可以順道賺取積分。

▲ 佛山小店大多使用銀行或第三方提供的收款碼收款，如使用 AlipayHK 支付，可以先按首頁左下角「掃描」掃描收款碼，輸入須支付的金額後再按付款，

內地電子支付工具及銀行卡： 內地銀行戶口可綁定開通內地版本支付寶或微信支付。如親身前往內地銀行開戶，四大銀行中，中國銀行及工商銀行對港人的開戶要求較低，正常情況下只需內地電話號碼便可順利開戶。但有時部分分行要求會突然變得嚴格，建議可多走幾間分行查詢。

另外部分香港銀行有提供見證開立內地戶口服務，不過時間稍長，開立的戶口亦有較多限制。

香港提款卡（銀聯）： 內地大型商戶大多接受用銀聯卡支付。假如你沒有以上電子支付方式，又不夠人民幣現金，而你的香港銀行提款卡上有「銀聯」標示，可嘗試用提款卡支付。不過此方式匯率會略差，建議只作應急之用。

電話卡

如經常來往內地或者需要開通內地銀行戶口，則需要申請實名的內地電話號碼。申請內地電話號碼的方法主要有：

一卡兩號 / 內地副號：於香港電訊商門市申請辦理，毋須換 Sim 卡，部分電訊商更提供漫遊電話接聽優惠。收費為港幣 $10-30/ 月不等，具體情況請向電訊商查詢。

內地電話卡：於內地電訊商（移動 / 聯通 / 電信）門市申請辦理，需要更換 Sim 卡或使用雙卡雙待手機。如要在港接收短訊需開通「漫遊服務」（注意不是「數據漫遊」）。若只需內地電話號碼，可申請超便宜的「保號套餐」，價格為 ￥5-8 元 / 月。

- 內地電訊商門市除了直營店亦有代理門店，因此每間的套餐計劃有所不同，辦理前建議多問幾間再做選擇。
- 增值方法：現金到門市、電訊商網頁 / App、內地支付寶 / 微信

電話號碼若欠費會被停用，增值即可立即繼續使用。若欠費超過 3 個月會被回收並發配給新客戶，有可能再用不到該號碼。

上網

1. 內地絕大部分商場及景點均有提供免費 Wi-Fi，但大多須使用內地電話接收驗證碼才能連接。另外內地網絡在正常情況下不能登入部分外國網站如 YouTube、Facebook、WhatsApp 等。

2. 香港市面上售賣的內地漫遊數據卡由於使用香港漫遊網絡，可以在內地登入上述網站。

3. 香港各大電訊商亦有提供數據漫遊通行證或大灣區數據計劃，適合不同數據使用量人士選用。

必備推薦 APP

地圖	高德 / 騰訊 / 百度地圖
高鐵購票	中國鐵路 12306
商戶優惠	美團 / 大眾點評
外賣	美團外賣 / 餓了麼
預訂酒店	酒店官方 app / Trip.com

M·A·P

適安里
古民居群
非遺體驗區
梁園
國瑞
升平里

佛山
汽車站

汾江

絲織路

金沙
新城

張槎
文化廣場

張槎四路

天海
酒家

④

君臨餐廳

⑯

佳寧娜
大酒店

輕工三路

佛山祖廟
博物館

③
叄號啡樓

普君北路站

五峰二路

祖廟站 金源酒家

衛國路

②

五峰
公園

佛山科學
技術學院
工灣校區

佛山皇冠
假日酒店

有記餐廳

同濟西路 同濟路站

普瀾二路

⑮

�記

季華四路

季華五路

季華園站
↓

文華
公園

佛山大道中

① 禪桂坊・數字視聽文化產業園 ② 深藏 THUPAS ③ 嶺南天地 ④ 佛山古鎮歷史風貌展示館
⑯ 佛山創意產業園 ⑯ 舊廠咖啡

祖廟交通	廣州南站	佛山地鐵 2 號線	南洲站	廣佛線	祖廟站
張槎交通	廣州南站	地鐵 2 號線	魁奇路站	廣佛線	季華園站

佛平路

南桂東路

桂城站

① 廣佛線

文華北路

朝安站

南海大道北

鎮安站

佛山嶺南
明珠體育館

佛山地鐵3號線

季華六路站

彩虹路

禪城區

佛山的市中心，亦是佛山歷史的起源地。早在唐宋年間商業已十分發達，北宋時期更是與江西景德鎮等並稱為中國四大名鎮。由於歷史悠久，區內有不少非常著名的古蹟，例如祖廟、南風古灶、梁園等等。另外以祖廟及嶺南天地為核心的東華里片區，保育了一大片清朝及民國時期的老民宅，仍有不少人在此處居住，生活氣息濃厚，適合作城市深度漫遊。

禪城同時是粵劇的發源地、著名的陶瓷之鄉、武術之鄉，是嶺南文化非常重要的代表。現時區內有不少地方皆可體驗各種嶺南的非物質文化遺產，如陶藝、花燈、剪紙等，很適合文青人士遊玩。

五峰
公園

佛山創意
產業園●

季華四路

⑭

季華三路

張槎站

美陶灣·
柒號陶倉

石灣
公園

石灣站

⑫

⑪

⑦

⑬

⑧
⑩ ⑨

佛山地鐵2號線

沙崗站

東平水道

皇庭
商務酒店

居然
之家

佛山青年公園

洲尾圍
生態公園

⑤ 佛山警察博物館 ⑥ 玩聚廠文創園 ⑦ 泛家居·U創中心 ⑧ 好好咖啡（禪城夢工場店）
⑨ 陶古里中國·佛山化機創意社區 ⑩ 龜一美術館 ⑪ 南風古灶 ⑫ 8號藝術碼頭（新石灣美陶廠）
⑬ 太吉咖啡 ⑭ 佛山王府井紫薇港·WALKIN

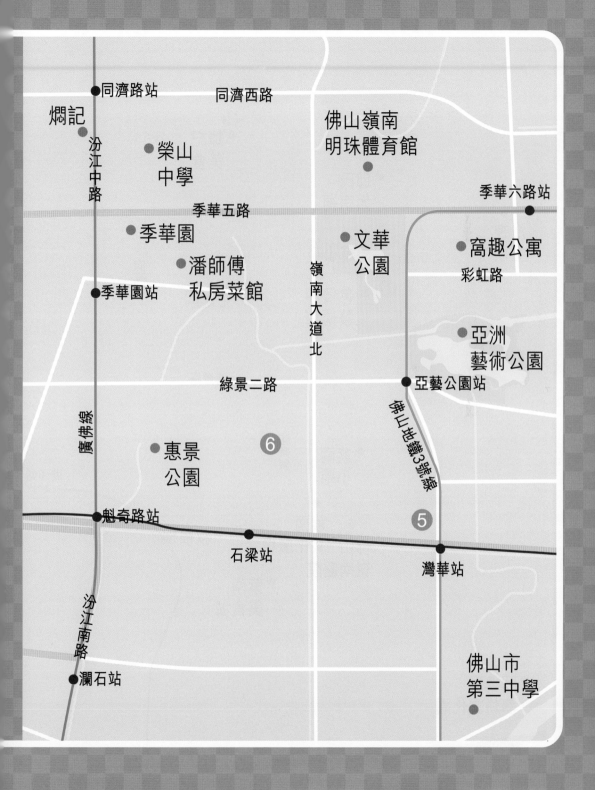

同濟路站
同濟西路
燜記
汾江中路
榮山中學
佛山嶺南明珠體育館
季華六路站
季華五路
季華園
文華公園
窩趣公寓
彩虹路
潘師傅私房菜館
嶺南大道北
季華園站
亞洲藝術公園
綠景二路
佛山地鐵3號線
亞藝公園站
⑥
惠景公園
魁奇路站
廣佛線
⑤
石梁站
灣華站
汾江南路
瀾石站
佛山市第三中學

石灣鎮交通 | 廣州南站 | 佛山地鐵2號線 ➔ | 石梁站

MAP

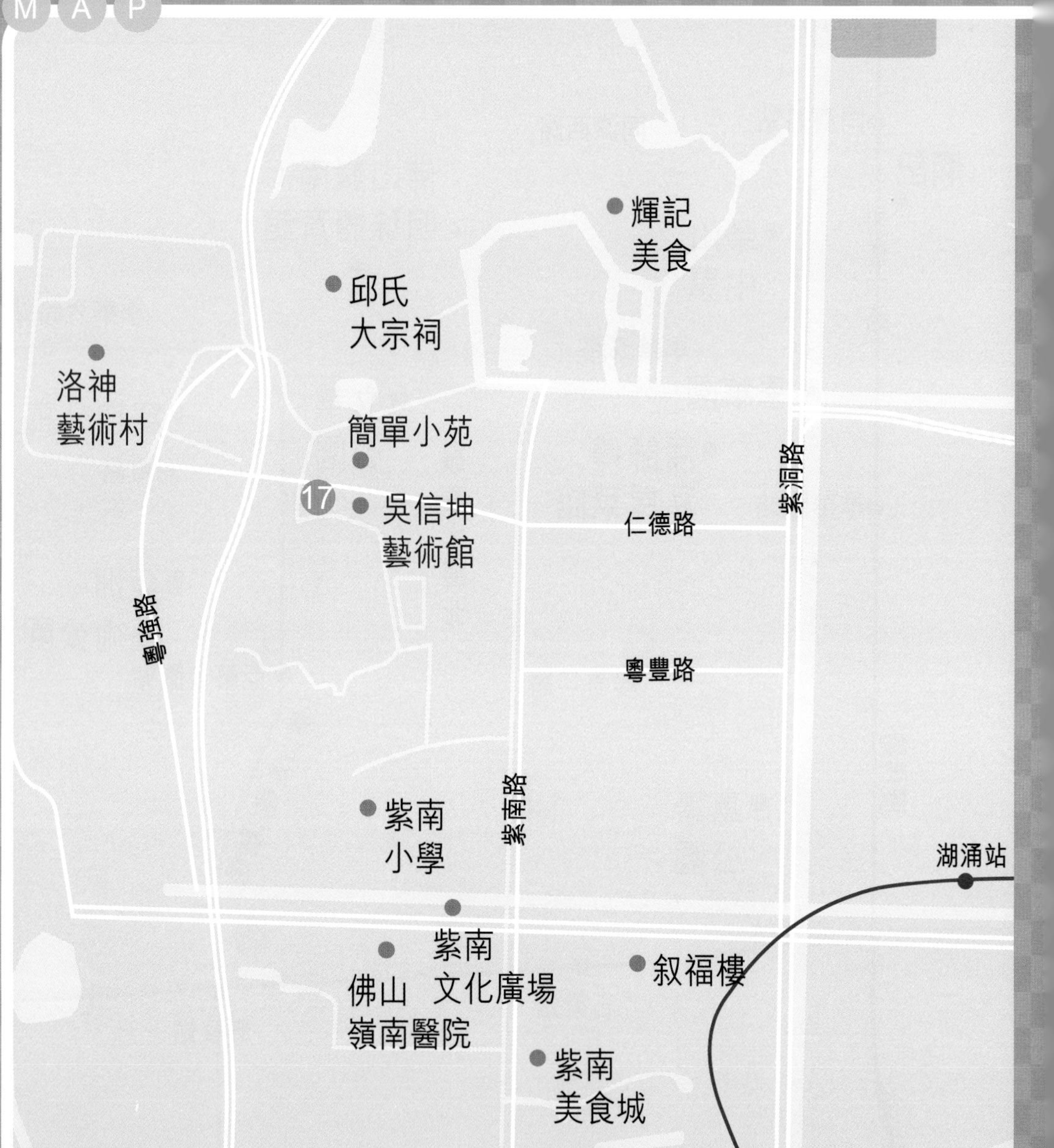
輝記
美食
邱氏
大宗祠
洛神
藝術村
簡單小苑
17
吳信坤
藝術館
仁德路
紫洞路
粵強路
粵豐路
紫南路
紫南
小學
湖涌站
紫南
文化廣場
佛山
嶺南醫院
敘福樓
紫南
美食城
阿農灣
農耕文化園

⑰ 紫南文化旅遊區

四季
藝術匯

科潤路

佛山市
外國語學校

眼田路

佛山地鐵2號線

季華西路

永利達
廣場

佛山國際
陶瓷衛浴城

陶興大道

佛清從高速

2023 年 9 月 OPEN

禪桂坊
數字視聽文化產業園

佛山最新文創園區

🏠 地　文華北路 128 號

🚇 交　佛山地鐵 3 號線亞藝公園站 C 出口，於亞藝藝術公園 B 站巴士站乘 G10 路至禪桂坊站

🕐 建議遊覽時間：1.5 小時

以往佛山工業發展蓬勃，所以即使是傳統市中心區域的禪城祖廟街道，也有不少工業廠房。但隨着都市發展及部分工業式微，禪城區內有不少舊廠房被空置。近年佛山着手將這些位於黃金地段的廠房遺址活化成一個個文創園區，其中禪桂坊是此書介紹的各個園區中最新一個。

▲ 這裏前身是南桂西路大圍街第一工業區舊廠房及職工宿舍，亦由於位處禪城區及南海區桂城街道交界，故名「禪桂坊」。

現時已進駐禪桂坊的商戶以大牌檔及燒烤餐廳為主，是祖廟一帶的宵夜勝地。在其中一棟建築的天台亦有一家頗受歡迎的天台露營風酒吧，雖然到訪當天時間尚早，酒吧尚未營業，但仍可在此一覽大半個禪桂坊。

➤ 園區有多個很好玩的免費遊樂設備，例如這些充滿童真、可供 4 位小朋友同時乘坐的豬頭小車。

▲ 為吸引年青人到訪，園區內設有不少打卡位。印象最深刻的是這些仿照廣佛線地鐵車廂的場景，鄰近禪桂坊的朝安站亦有在線路圖上標示出來。雖然未至於做到以假亂真，但不失為一個很有趣味的打卡點。

▲ 整個園區最特別的商戶是這家又名「90 後婚介所」的「咩趣星球」，據說會不定期舉辦單身人士聯誼活動，當中有收費的，亦有免費的。

▲ 我也不知道這個設備應該叫甚麼，有些地方好像叫它做「人人都是藝術家」。總之就是可以用身體按壓凸出的一邊，然後另一邊就會出現你的「人」形。

◀ 在店舖對出的天橋及樓梯上，均掛滿一些單身人士的「相親牌」，詳細列出其個人基本資料；如有興趣認識卡牌上的人，可請咩趣星球幫忙牽線。不過中央電視台於 2024 年 3 月曾報道有部分內地婚姻介紹所「收錢不辦實事」，雖然我不清楚咩趣星球是否屬同類婚介所，但建議光顧及付費前應先考慮清楚。

深藏
THUPAS

隱世咖啡店＋美術館

地 塔坡街 74 號

時 週三至一 12:00~22:30

休 週二

交 廣佛線普君北路站 A 出口步行 440 米

🕐 建議遊覽時間：1 小時

深藏是一家咖啡店，名副其實深藏於佛山鬧市的小巷之中。我雖然看着地圖 app，按着導航來找，但因為它位於一條「崛頭巷」上，加上附近太多小巷縱橫交錯，結果我花了約 5 分鐘才能成功找到它的門口。

▼ 這家店除了位置夠特別，也有兩個特別之處。它是開在一棟瓦頂舊民房之中，一共兩層高。樓上有個小小的天台花園，讓你在繁華鬧市中露天卻隱蔽的空間內，靜下心來喝咖啡，再看看附近舊民房的紅磚瓦頂景致。

▼ 另一特色是它設有常設藝術展覽。樓上樓下各有小展廳,共有十多件作品,展覽主題經常更換,每次來都充滿新鮮感。不過展廳範圍內不准飲食,所以是不能邊喝咖啡邊觀展的。

▲ 如果不想爬上爬落,亦可以留在樓下那層。這裏有不少很有藝術感的小角落,同樣可以靜渡時光。加上整家店以黑白灰作主調,有點像置身水墨畫之中。

➤ 檸檬氣泡美式(￥23)

話說我是個完全不懂咖啡的人,不過深藏的咖啡讓我這個「咖啡白痴」也覺得味道不錯。檸檬氣泡美式有3層顏色分層——底層淡黃色的檸檬汁,中間深啡色的美式咖啡,以及上層的淺啡色氣泡。不但很適合打卡,酸甜的檸檬汁亦中和了咖啡的苦澀,檸檬香氣和咖啡焦香也很合襯。

▼ 薑璜(￥28)

不喝咖啡,可以選擇這杯薑汁奶。裏面加入了薑蓉,很辣很暖心。表面用竹籤穿著的是用糖醃製過的薑片,稍為中和了辣味,較易入口。

小貼士

1 想來深藏,又怕迷路,可以選擇先來到後文介紹的金源酒家,再沿旁邊的塔坡街一直向前走,經過這個指示牌後,就留意右邊深藏的招牌。

2 東晉時期,塔坡崗上本有一佛寺,後來倒塌。至唐朝某天,塔坡崗上忽然異光四射,鄉民在崗上掘得三尊銅佛,並於該處重修塔坡廟寺。後人認為此地乃佛家之山,便取名「佛山」,亦因這裏是珠三角的宗教中心,故又稱為「禪城」,因此塔坡又稱為「佛山初地」。現時塔坡街上仍有塔坡寺廟,可以順道一遊。

3 塔坡附近的街區皆為禪城的老城區,都是紅磚瓦頂的舊民房,亦有不少個性咖啡店埋藏在橫街窄巷之中,等待大家城市漫遊時慢慢發掘。

嶺南天地新貌

地 祖廟大街 2 號

時 10:00~22:00

交 地鐵廣佛線祖廟站 C 出口步行 660 米

🕐 建議遊覽時間：3~4 小時

東華里片區曾是佛山的富人區，現時保留了一大片清朝至民國時期的嶺南建築。當中部分區域於 2012 年被開發「上海新天地」的香港瑞安活化成結合商業、文化、旅遊於一體的步行街區——嶺南天地。經過 10 多年的發展，加上毗鄰佛山地標祖廟，嶺南天地已成為遊客必到景點之一。

▲ 由於是由古建築群活化而成，這裏保留了古城的脈絡，滿佈橫街窄巷，當中不乏有趣的文創商店，可以在此閒逛一個下午。

◀ 嶺南天地在不斷擴建中，例如 2020 年開闢名為「嶺南天地・新里」的部分，不過進駐的商戶大多是零售店舖，對港人吸引力不大，這裏就不作詳細介紹。

◀ 真正的「東華里」位於嶺南天地對面，雖然早已完成翻新工程，至今仍然重門深鎖，尚未對外開放，甚為可惜。

▼ 為突顯文化元素，嶺南天地近年長期設有大型文創市集「曉市集」，約有五十個攤檔。我認為整個市集的水準遠較其他地方的文創市集高，值得大家花時間在此尋寶。

▼ 當中不乏一些高質素的文創精品，例如甚具佛山特色的剪紙工藝品。

▲ 嶺南天地的高人氣亦吸引不少大型連鎖網紅店在此開設旗艦店。例如我在《深圳旅遊新情報 2023-24》一書中介紹過的人氣茶飲店「阿嬤手作」，嶺南天地店是我暫時見過最大的分店，更設有比較多的室內座位。

◀ 過去一年分店數目激增的「霸王茶姬」，門外設有兩層高的巨型花海藝術裝置，是嶺南天地最新的打卡熱點。

GOTLOT · 角落啡樓

地 ZM223 號（李眾勝堂內）　時 10:00~22:00

嶺南天地內有不少深具歷史意義的古建築，包括簡氏別墅、嫁娶屋等，皆已活化成不同用途。而為港人熟知的「李眾勝堂」，其祖舖亦位於嶺南天地內，並已活化成咖啡店。

▲ 雖然咖啡店跟李眾勝堂並無任何關係，不過在店內仍能找到跟李眾勝堂有關的物件，例如雕花裝飾、港版保濟丸的舊包裝等。

▲ 角落啡樓是大力推廣佛山花燈文化的咖啡店，除了在咖啡櫃台區域懸掛了不少傳統花燈，在大廳正中央更掛了一盞巨型紙杯造型花燈，有一種魔幻感。

▲ 店內裝修也帶有不少藥材舖元素，有種置身中醫館喝咖啡的感覺。話說我一直覺得齋啡跟涼茶在味道上很相似，所以這種裝修絕對無違和感 XD～

▼ 戀曲（￥58）

這裏比較招牌的產品是含咖啡成分，造型精緻的創意特調。例如這杯戀曲，是以茶盅型的玻璃杯盛載，上面除放置一束白色小花作點綴，半浮的冰塊也像一座冰山，加上猶如濃霧般的氣泡，就如微縮版仙境。特調是以黑醋栗、藍莓、葡萄烏龍及冷萃咖啡製成，由於咖啡比例較少，味道更像一杯果茶，很容易入口；不過冰塊過多，三四口就能把整杯喝完，價格有點偏貴。

2023 年 3 月 OPEN

C.HERE@ 在此咖啡

地 15 號樓 1 樓 1508C 舖　　**時** 10:00~22:00

在此咖啡是開在獨棟單層舊建築內的咖啡店，門外有一條樓梯可以通往天台。由於咖啡店周邊皆是嶺南天地內一些高度相若、比較矮小的青磚紅瓦嶺南古舊建築，天台就成為很好的觀景台。

◄ 富士山（￥38）

為了營造更好的打卡效果，這裏的蛋糕造型大多十分獨特，而且不時會更換新造型，例如到訪當天最受歡迎的是這個富士山造型的蛋糕（截稿時已下架）。雖然富士山跟嶺南建築有點「九唔搭八」，但泛藍的小山峰，跟青磚紅瓦景致，色彩上又的確十分和諧協調。

➤「山體」內部是抹茶蛋糕，味道不算濃郁。加上整個蛋糕忌廉比例偏高，雖然已用上較為細膩的忌廉，但感覺仍然偏膩，只能說是中規中矩。

貓的天空之城

地 長生樹 6 號 XT601 舖　　時 10:00~22:00

有讀過我的前作《深圳》的讀者應該知道，我十分喜愛一家來自蘇州的全國連鎖文創手信書店「貓的天空之城」。這家店早前來到佛山開設第一家分店，選址在嶺南天地。

◄▲ 各款手信產品中，我最愛這些設計十分精美，兼具有當地特色的手繪風格明信片及磁石貼。

▲ 或許因為「廣佛同城」的概念，加上貓的天空之城早前亦在廣州永慶坊開設分店，因此佛山分店也有售賣一些廣州主題的磁石貼。

➤ 和其他分店一樣，這裏有提供一些具佛山特色的印章，供遊客收集。

▼ 佛山店甚至有提供近年很受內地人歡迎的套色印章，消費滿￥29 即可蓋 3 次一套完整印章。

◄ 由於佛山分店面積較小，這裏缺少了其他分店常見的書籍區域，變成一間單純只賣文創手信及精品的店舖。不過對於遊客來說，這家店最吸引的賣點是那些文創手信，所以影響不大。

附近景點及餐廳介紹

佛山祖廟博物館

地 祖廟路 21 號

時 08:30~18:00（17:30 停止入場）

費 ￥20 / 成人、￥10 / 兒童及學生

舞獅表演：每日 10:00~10:40、14:15~14:55、
15:30~16:10（如遇雨天暫停演出）

粵劇表演：週六日、初一十五及假日 14:00~15:30

博物館大門最具代表性、建於明代天啟六年（1626 年）的祖廟牌坊，2023 年 10 月已完成 63 年來首次大修，顏色變得光鮮亮麗，更適合拍照留念。整個博物館由祖廟古建築群、孔廟、黃飛鴻紀念館、葉問堂等組成。其中祖廟建築群始建於北宋年間，現存的主要為明清年代建築。

▲ 祖廟內陳列了眾多奇珍異寶，如直徑達 1.31 米的巨型銅鏡、70 件 30 種兵器等。不過最吸引我目光的是架在屋簷上方、由古代佛山石灣手藝人手作的陶塑瓦脊。其內容豐富，場景宏大，形式奇偉瑰麗，體現了古時候石灣陶塑技藝之精湛。

▲ 祖廟博物館內亦有展出其他清代製作的石灣陶塑瓦脊以及廟宇牌匾，供遊人駐足觀賞。

▲ 每逢週六日特定時間，黃飛鴻紀念館對出會舉行醒獅和武術表演，吸引不少人提早「擔櫈仔」圍觀，想以最佳角度觀賞，記得留意表演時間提早過來。

➤ 嶺南地區現存規模最大的古戲台萬福台，會有粵劇表演。

附近景點及餐廳介紹

2023 年 8 月 OPEN

叁號啡樓

地 東瑞路 6 號 31 座

時 週一至五 09:30~19:30、
週六日 09:30~20:30

交 地鐵廣佛線普君北路站 E 出口步行 610 米

叁號啡樓是一家開在嶺南天地對面的咖啡店。雖然所在位置人流遠遠沒有嶺南天地那麼高，但憑着一些很「呃 Like」的咖啡產品，開業後短時間內已吸引不少人特意過去打卡。到訪當天為週日傍晚時分，不但座無虛席，還等了差不多 15 分鐘才找到空位，下單後更等了超過半個小時才出餐。因此想光顧的話，建議盡量早點過來。

◄ 這裏的咖啡產品賣點有兩個。一是用上類似中式茶盅的杯子作為咖啡杯，稱之為「蓋碗拿鐵」，讓食客以嘆茶的方法來嘆咖啡。

◄ 二是咖啡上除了有拉花，還用朱古力粉印上文字。總共有 7 款字詞可供選擇：佛山、嶺南、恭喜、發財、萬事、勝意、開運。如果你跟朋友一起來，就可以點兩杯拼成「恭喜發財」、「萬事勝意」。

➤ 芝麻拿鐵（無啡 ￥26）
由於已到傍晚，我怕喝咖啡會睡不着，幸好可以選擇沒有咖啡的「芝麻拿鐵」——即是用芝麻糊來取代咖啡。或許是因為需要印字，這個茶盅容量較大，甚至比坊間常見的咖啡杯還要大得多，所以無論是芝麻或者牛奶味也是比較淡。

佛山古鎮
歷史風貌展示館

深入了解佛山歷史文化

地 先鋒古道 80 號（梁園北側）

時 週二至日 09:00~17:00（16:45 停止入場）

休 週一

🕐 建議遊覽時間：1 小時

佛山歷史文化底蘊深厚，明清兩代佛山鎮更與湖北漢口鎮、江西景德鎮、河南朱仙鎮合稱「四大名鎮」。如想深入了解佛山的歷史文化，建議可抽空一遊佛山古鎮歷史風貌展示館。

展示館分為六部分，分別為冶鑄、中醫藥、武術、民俗文化、商業文化及陶藝珍品。明清時期的佛山冶鑄業發展蓬勃，乾隆時期冶鐵工匠不下二三萬人，鐵匠們更獨創「紅模鑄造法」，用於鑄造紋飾複雜的大型鐵器。

◀ 冶鑄業的發展令佛山人口逐漸繁盛,求醫問藥成為社會一大需求。加上佛山水路交通發達,各地藥材匯聚於此,為佛山中醫藥業發展創造有利條件。在佛山起家並為港人熟悉的寶號,除了有李眾勝,亦有陳李濟、馬百良、黃祥華、源吉林等。

▼ 中醫藥業繁榮發展,亦吸引各地武術名家雲集,帶來精湛的跌打醫術,並令佛山成為武術之鄉。黃飛鴻、葉問、梁贊等,皆是土生土長的佛山武術大師,亦在佛山授徒傳藝。

◀ 展館也有深入介紹佛山各種傳統非物質文化遺產,例如舞獅、粵劇、剪紙、花燈、餅印等。

▼ 亦包括獨特的習俗如正月十六「行通濟」、秋收遊行的「出秋色」等,更以類似動態版清明上河圖的動畫,重現古代佛山秋色及行通濟的盛況。

▲ 其餘部分則是探討古代佛山的其他商業發展,包括同樣對佛山影響深遠的製陶業等,由於篇幅所限,這裏不作詳細介紹。

適安里古民居群
非遺體驗區

地 松風路先鋒古道

交 廣佛線祖廟站 C 出口，於建新路巴士站乘 109 路巴士至梁園巴士站

位於展館旁的適安里，保留了十多棟嶺南古民居，現時被活化成非遺體驗區，有多種手作可以供付費體驗或選購，例如彩燈、剪紙、陶塑等。

► 甘露酥（¥9）
其中一家糖水店出售一款名為甘露酥的點心，亦即在香港幾近失傳的嘩囉酥。不過這裏的甘露酥是用上紅豆蓉作為餡料，外層酥脆，豆味香濃，但¥9 一個略為偏貴。

梁園

地 松風路先鋒古道 93 號　費 ¥10 / 人
時 09:00~17:00（16:40 停止入場）

與展館一街之隔的梁園，為廣東四大名園之一。園內設計較為簡約，加上水池佔地面積頗大，較符合現代的審美眼光。由於名氣沒後文介紹的清暉園大，即使假日也較少人入園參觀，環境清幽，同時門票價格亦較清暉園便宜，我更推薦大家到此一遊。

國瑞升平里

地 汾寧路 62 號

離展館約 5 分鐘路程的國瑞升平里，是一個與嶺南天地大小相若的仿古步行街區。不過由於經營不善，街區內十室九空，十分冷清，但仍有不少「呃 Like」位，很適合打卡。

祖廟餐廳介紹

天海酒家

地 升平路 66 號　**時** 06:00~14:00、17:30~20:00

交 廣佛線祖廟站 C 出口，於建新路巴士站乘 109 路巴士至梁園巴士站，步行 300 米

佛山「四大酒家」之一，亦是唯一現存的天海酒家，於 1913 年開業，2023 年剛好成為 110 年老店。雖然味道不算特別出眾，但因出品「抵食夾大件」，所以成為不少佛山長者的飯堂。

◀ 柱侯雞（￥60 / 半隻）

用作烹調柱侯牛腩的柱侯醬，是由清代佛山人梁柱侯發明，而佛山人更喜歡用以製作色澤近似豉油雞的柱侯雞。濃稠的醬汁令雞皮及雞肉感覺上很滑溜，柱侯醬的獨特香味跟雞味也很合襯。不過我吃的這隻有點煮過了，加上走地雞本身肉質很結實，牙力不好的人不建議吃。

▲ 荔肝卷（￥25）

荔浦芋蓉混合少量雞肝、豬肉粒等配料，以腐皮包裹，再裹上麵粉油炸。幼滑的芋蓉加上微脆的外層，配搭很微妙。若果芋香味更濃會更好吃。

▲ 豉汁蒸鮋魚（￥18）

據說鮋魚很容易養殖，注定一出生就只能做「平價魚」，也令天海這碟超大碟的豉汁蒸鮋魚，居然只賣￥18！不過如果你不以有色眼鏡來看牠，其實牠不但超級鮮甜，油香味重，更是嫩滑無骨，完全不亞於某些貴價魚。

◀ 三絲魚肚羹（￥25）

如此廉價的魚肚羹，大家就不要期望能吃到真魚肚──其實只是炸豬皮，連同雞絲、冬菇絲、蛋絲和韭黃一起煮。據說現在佛山也很少餐廳有做這道菜，因此主要吃的是那股懷舊味道。

金源酒家

地 福寧路 171 號　時 06:00~14:30、17:00~21:00
交 廣佛線普君北路站 A 出口步行 505 米

曾聽過有本地人說金源酒家是佛山少見仍能吃到傳統佛山味道的餐廳。雖然我試吃過也覺得這裏的出品的確十分出色，不過服務態度似乎也十分傳統 XD～當天甚至見到有客人被店員氣到馬上「拍枱走人」，建議做好心理準備。

◀ 生炒鮎魚卷（￥50）
其實是鮎魚片包着圓條狀牛肉球，雖然沒有想像中特別，但兩者味道出奇地合襯，很有驚喜。

▲ 網油珍肝（￥45）
有點像天海酒家的荔肝卷，卻是超邪惡的版本！用豬網油捲起大塊雞肝粒及肥豬肉粒，蘸上炸粉後油炸，一咬下去滿嘴都是不同層次的油香味，而且久久不散！由於全是高脂肪高膽固醇的食材，十分油膩，淺嚐兩三塊已經不想再吃了，建議多找幾個朋友一起分享。

◀ 荔茸香酥鴿（￥65）
去骨鴿肉表面鋪上荔浦芋蓉後油炸。超級幼滑且極重芋香味的芋蓉，配以十分嫩滑的鴿肉，加上酥脆的外皮，簡直令人欲罷不能！

燗記

地 汾江中路 207 號首層之八
時 週三至一 11:00~20:30
休 週二
交 廣佛線同濟路站 D 出口 260m

第一次吃燗記前，我對它沒有太高期望，一來它的菜品感覺都很簡單，除了招牌蹄花外都是香港常見的餐點；二來這裏是街邊大牌檔形式，只有少量室內座位，環境不算特別好。不過吃過一次之後，我就深深愛上這家餐廳，因為幾道招牌菜看似平凡，卻並不簡單！

另外由於小弟並非煙民，平時很討厭內地餐廳縱容顧客在餐廳內吸煙。不過到訪當天有人在燗記室內部分吸煙，阿姐立即叫他出去，不要影響其他客人，讓我對這家餐廳的好感度再提升！

▲ 燗記蹄花（￥26）
蹄花是用豬蹄及白芸豆，連同其他調味料一同燗煮至豬蹄軟爛，雖然口味清淡，但其實是不折不扣的川菜。豬蹄煮至超級無敵軟爛，幾乎一夾就散，而且入口即溶，口感非常療癒。

◀ 始終是川菜，喜歡重口味的話可以蘸一下這個微辣秘製酸辣醬汁，不但更惹味，亦能去除豬蹄的油膩感。不夠辣的話，每枱桌面上還有激辣辣椒醬可以添加。

▶ 而煮成奶白色的湯，胡椒及當歸味很重，有點像新加坡肉骨茶的味道，有種滋補暖心的感覺。

➤ 懷舊柱侯牛腩粉（￥16）

牛腩夠大夠多，而且煮得軟爛，水準很高。柱侯醬很濃郁，豆香味超重，連底下的河粉也是很滑很重米香味，重點是在佛山市中心居然只需要￥16！完全沒有任何可以挑剔的地方。

◀ 番茄牛醬撈麵（￥16）

其實即是肉醬公仔麵。牛肉碎夠多，能做到「雨露均露」每一條公仔麵。醬汁酸甜度適中，也有很重的牛肉及番茄香味。點睛之筆是表面灑上的檸檬草碎，讓公仔麵多了點清新感覺。

▼ 不過對於習慣吃港版出前一丁的我來說，麵底無論麵質及香味比較一般，是整個麵唯一缺點。

▲ 雞蛋吞拿魚飛碟（￥16）

餡料超飽滿，而且是用上混合了蛋沙律的罐頭吞拿魚蓉，沒有廉價吞拿魚蓉的乾澀口感，十分順滑。

有記餐廳
（金魚街店）

地 金魚街 24 號 106
時 11:00~14:30、17:00~22:00
交 地鐵廣佛線祖廟站 B 出口步行 1.2km

有記是禪城區一間超級網紅餐廳，網上
有不少評價都說它是佛山必吃的餐廳。
雖然面積頗大，佔據了 2 棟 3 層高的民
房及中間大片的亭院位置，但到訪當天
我還是等了兩個小時才能吃到。不過正
可能因為這家餐廳名氣超大，讓我對它
有超高期望，但當天的出品我覺得不算
出色。

▲ 白切豬手（￥48）
豬手皮脆肉嫩，不過沙薑太少，花生油過多，不但比較油
膩，而且只吃到超重的花生味道，有點奇怪。

◀ 蜜汁茶花雞（￥38）
雞肉切得太碎，而且明顯炸得太過了，口感很柴。

▼ 三杯腸頭（￥48）
超多的酸菜令大腸原本的香氣完全蓋過了，也不夠彈牙。

鮮磨椰子冰（￥14）
唯一合格的是這個椰子
冰，椰香味超濃，但端
上時碎冰大多已經融
化，多放一回兒已經不
夠凍。

君臨餐廳

地 燎原路 25 號首層 3-4 軸

時 11:00~14:00、17:00~21:00

交 地鐵廣佛線普君北路站 E 出口步行 890 米

一家 30 多年歷史的餐廳，主打佛山本地特色菜品，而且物美價廉。唯一缺點是大部分都是大桌，人數少的話很有可能需要「搭枱」。

吃完君臨還可以順道吃旁邊的輝記甜品店，各款超足料糖水只要 ¥4.5/ 碗。

▲ 香酥芋蓉卷（¥13 / 條）
外皮酥脆，芋蓉幼滑，芋香味重，配搭類似泰式辣醬的酸甜醬汁，能起到消卻芋蓉容易令人飽滯的作用。

◀ 咕嚕五柳蛋（¥30）
雖然這道五柳蛋有點名不副實，數來數去應該只有兩柳，而且多了咕嚕肉在旁邊，但蛋炸得很蓬鬆，甜酸汁另上也能保留蛋和肉酥脆的口感。

▲ 酸梅豬手（¥48）
我最愛的菜品是這道酸梅豬手。豬手夠軟夠入味，豬皮入口即溶，滿滿的骨膠原。酸梅能有效中和油膩感之餘，亦令豬手多了一股梅子香氣，充滿驚喜！

◀ 釀鯪魚（¥48）
一道非常考功夫的菜式。鯪魚拆肉起骨，連同馬碲粒等配料打成魚膠，再釀入魚皮內，還原成整條魚的形狀，炸過後淋上醬汁。味道不算很驚艷，但單憑如此複雜的功夫已值得一試。

**2023 年 6 月
OPEN**

佛山警察
博物館

眾多與警察有關的奇趣物品展館

地 魁奇二路 37 號

時 週二至日 09:00~11:30、
14:30~17:00（法定節假日另行
安排）

休 週一

交 佛山地鐵 2 或 3 號線灣華站 D 出
口旁

☑ 「佛山通」小程序

🕐 建議遊覽時間：1.5 小時

佛山警察博物館是一個很受本地人歡迎的博物館，特別是很多家長都會帶小朋友過來參觀，我猜是想收威嚇之效吧 XD～雖然這個博物館不少內容都是關於佛山警察的發展史，對港人來說沒甚麼共鳴感，但裏面還是有不少我覺得很有趣的展品。加上交通十分方便，如果你的佛山之旅行程安排尚有一個小時左右的空隙，建議可以過來逛逛。

▼ 最受小朋友歡迎的區域是模擬射擊及駕駛警車等互動遊戲。

▲ 佛山警察歷史由明清時期說起。民國以前警察兼任消防工作，所以這裏也有展出古代的滅火銅槍及水車。

▼ 據博物館介紹，現代佛山警察源自抗戰時期的諜報組織。這是當時所用的電報機仿製品。

▲ 改革開放初期，隨着經濟發展，佛山曾陷入一段治安不佳的時期。展覽有講述 90 年代佛山部分重大案件的破案過程及相關物件，例如與歹徒駁火期間被子彈射穿的頭盔。

▼ 非法賭檔所用的賭博用具、偽鈔、假珠寶、山寨奢侈品等。

◀ 近年電訊詐騙猖獗，騙徒是如何同一時間撥打多個電話呢？這裏就有展出數台複雜的犯案工具。

➤ 反詐小遊戲，你能順利過關嗎？

➤ 展覽最後部分展出一些警察武器、裝備、警車等。

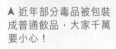

▲ 近年部分毒品被包裝成普通飲品，大家千萬要小心！

➤ 為宣揚防毒意識，這裏有展示多款毒品的實物。影視情節的道具跟傳説中的海洛英看起來有幾分像呢？

**2022 年 3 月
OPEN**

玩聚廠
文創園

多巴胺風格打卡點

地 金瀾北路 233 號

交 佛山地鐵 2 號線石梁站 C 出口步
行 730 米

時 建議遊覽時間 0.5 小時

近年內地很流行「多巴胺」風格，即是指以鮮艷色彩組成的高飽和度色調，例如鮮黃、亮橙、桃紅等，大膽地作七彩活潑的配色，利用繽紛色彩刺激視覺，來讓人心情感到愉悅。而玩聚廠文創園的風格，絕對可以用「多巴胺」來形容。

▲ C 座在走廊外牆上加裝了巨型粉紅色鐵架。建築本身的白色圓弧形露台，加上粉紅鐵架的圓拱造型，有人説很有地中海風情。不過可以肯定的是，由於 C 棟有不少設計公司進駐，各公司皆在外牆掛上很有創意的商標圖案，讓整棟 C 座充滿活力。

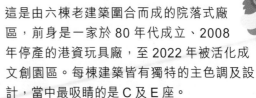

這是由六棟老建築圍合而成的院落式廠區，前身是一家於 80 年代成立、2008 年停產的港資玩具廠，至 2022 年被活化成文創園區。每棟建築皆有獨特的主色調及設計，當中最吸睛的是 C 及 E 座。

▲ C 座並設有延伸的露台，有點像一個個馬戲的小舞台。

▲ E 座外牆立面以奪目的亮橙色，構成一個兩層高的 E 字，讓人一眼就知這是 E 棟。

▼ 愈往上走，藍色的比例會愈多，就像在電子遊戲裏由一個關卡跳到另一個關卡。

▲ 當然也不要錯過樓梯旁這個圓型中空「窗戶」，透過圓洞剛好看到後方樓梯構成的三角形，是一幅富有幾何美感的作品。

▲ 地面藍橙相間的樓梯級，加上上方交錯的樓梯，很像走入電子遊戲世界內。

◄ 園內也不乏一些有趣商戶，例如這家鯨喜潛水館，是佛山首家潛水體驗館。

► 即使對潛水興趣不大，也可以光顧裏面的咖啡店，一邊喝咖啡，一邊觀察學員如何在這裏學習潛水。

泛家居 U 創中心

地 霧崗路與榴苑路交叉口東南 120 米

交 佛山地鐵 2 號線沙崗站 D 口步行 860 米

時 建議遊覽時間：0.5 小時

原是陶瓷公司總部，現被活化成家具主題產業園，這裏有兩個很受歡迎的打卡位。

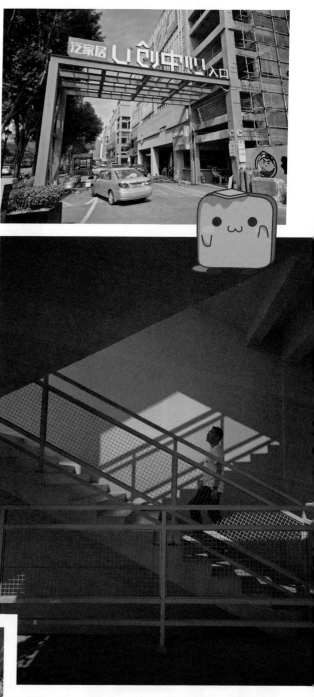

▼ 園內某家茶飲店一個像眼睛的窗戶，也是很有趣的打卡點。

▼ 在園區後方的圍牆上，還有 Eason、薛之謙及 TF boys 的塗鴉壁畫。由於 5 位歌星在內地有超高的人氣，吸引不少人特意過來打卡。不過壁畫前是一列泊車位，想來拍照的話，我建議要避開較多人停車的用餐時段，不然壁畫都會被車輛擋着。

這些塗鴉作品是由佛山當地知名塗鴉插畫師兔先生所創作，在佛山多個文創園區皆可看到他的作品，後文介紹有其作品之園區時會再作説明。

▲ 設有 A 至 C 三棟建築，每棟均有被髹成純橙色的樓梯。不單止樓梯，就連欄杆、牆壁及天花都是橙色，讓你完全置身在橙色世界中。到訪當天天氣超好，幾乎隨手一拍都可以拍出不錯的效果。

**2022 年 4 月
OPEN**

龜一美術館

與咖啡店結合為一的美術館

地 躍進路 148 號內 9 號樓

時 09:30~18:00

交 佛山地鐵 2 號線石灣站 B 出口
步行 900 米

🕐 建議遊覽時間：0.5 小時

如果說之前介紹的「深藏」是附設美術展覽的咖啡店，那與好好咖啡一街之隔的龜一美術館則是與咖啡店結合的美術館。這裏同樣經常舉辦期間限定的藝術展覽，更可讓大家一邊喝咖啡，一邊坐下來靜心欣賞展品。很可惜到訪當天剛好在撤展階段，故未能為大家深入介紹。

▲ 雖然大家到訪時也有可能會完美地錯過藝術展覽，但我覺得即使在沒有展覽的期間，龜一美術館也是適合打卡的咖啡店，很多角落均充滿美感。

◀ 美術館是開在獨棟建築內，其中美術館只佔地面一層，樓上兩層是辦公區，不過天台被開闢成一個可供咖啡店客人使用、走簡約風的小花園。

▶ 到達天台花園前，會先經過一條白色旋轉樓梯，也是很受歡迎的打卡位。

▶ 熱飲的紙杯上貼有由咖啡店設計、在喝咖啡的 Q 版蒙羅麗莎貼紙。

2022 年 2 月
OPEN

好好咖啡
（禪城夢工場店）

佛山最大咖啡店

地 鎮中二路 61 號盈宇影視夢工場
　　5 棟 1 層

時 08:00~22:00

交 地鐵 2 號線石灣站 B 出口步行
　　760 米

🕐 建議遊覽時間：1 小時

好好咖啡是佛山本土咖啡品牌，現時在佛山共有 4 家門店，亦曾於深圳開設 Pop up store。其中最特別的門店是位於石灣盈宇影視夢工場的禪城夢工場店，更是現時**全佛山最大的**咖啡店。盈宇影視夢工場前身為石灣陶瓷機械廠，園內有多棟獨棟廠房，而好好咖啡佔據了最近園區大門的一整棟。站在大門處，就可以看到掛在好好咖啡外牆上、超醒目的「好」字，以及「好好喝杯咖啡」的巨型展板。

◀ 整棟建築以紅磚搭建而成，活化後也基本保留了這些磚牆，處處散發出工業時代的格調。

▼ 咖啡櫃台後方面積更大的部分被用作擺放產品的倉庫，以及兩台巨型烘豆機。這裏製作的咖啡豆除了供好好咖啡自用，亦有售予佛山其他咖啡店品牌，包括後文介紹位於順德的執着咖啡。

▲ 點咖啡的前方大廳面積已比不少咖啡店都大。由於只擺放了 4 個大木箱作桌子，加上樓底超高，空間很闊落，有種很休閒的感覺。

▼ 樓上閣樓是最主要的座位區域，不過老實說這裏的櫈子大多坐得不算舒服。最多的是沒有背靠的高腳圓櫈，其次是像自修室的膠椅子。

◄ 最舒服的梳化只有寥寥數張，而且是放在很黑暗的通道處，更要和陌生人對着坐，很奇怪。

▼ 每張桌子上均擺放一個超巨型的「牛奶盒」，其實是這裏自家品牌燕麥奶的宣傳品。

◄ 甚至連財神像前的供品也是這款燕麥奶和杯麵 XD。

➤ 白桃冷萃檸咖（￥25）
又是一杯對於不喜歡咖啡的我也覺得好喝的咖啡。白桃和檸檬的香甜味剛好中和了咖啡的苦澀味，加上淡淡的焦香，不知不覺就把整杯喝光了。

2022 年 6 月 OPEN

陶古里中國
佛山化機創意社區

歐美街頭風格打卡場景

- 🏠 鎮中二路 25 號
- 🚇 佛山地鐵 2 號線沙崗站 D 出口 步行 730 米
- 🕐 建議遊覽時間：0.5 小時

雖然陶古里名字有個「陶」字，但它跟陶器沒有太大關係。這裏原是成立於 1966 年的佛山市化工機械廠，近年被活化成文創園區。不過現時入駐的主要是一些公司的辦公室及少量餐飲，遊客能參觀的地方並不多。

▲ 園區佔用面積最大的商戶，是只向會員服務的設計展銷廳 INCU showroom。話説展銷廳外並無標明只限會員進入，所以我誤會可以隨便參觀，誰知工作人員一看到我踏入展銷廳範圍，隨即用不友善語氣問我要幹甚麼，然後説這裏只招待會員，並把我趕走。雖然直到今天我也搞不清它到底具體賣甚麼，但我對它的印象好一般。

▲ 還好這家商戶佔據了園區數棟建築物，而且花了不少心思在外牆裝修上，將每棟都裝飾得很像歐美的街頭，吸引不少人來打卡（有些我甚至懷疑是淘寶店家在商業拍攝）。雖然工作人員對誤闖的我很不客氣，但又未見他們趕走來拍照的遊人，所以我也跟風拍了一張 XD。

附近景點

大霧崗森林公園

▶ 陶古里與大霧崗森林公園無縫連接，公園的小山崗上有一座原於 1818 年被毀，並於 200 年後即 2018 年重建，高 57 米的十三層八角形仿古寶塔——寶峰塔。由於現時石灣建築普遍不高，在附近遊走經常可遠望此塔，已成為石灣的地標。

▲ 山崗下則是後文介紹的陳太吉酒莊（即石灣酒廠）用來儲存較昂貴、純手工製作的酒莊酒山洞——豐太洞，洞內溫度長年穩定在 25℃左右。據說此洞每年只有一萬瓶陳藏超過 19 年的酒出庫，要喝到並不是容易的事。

▲ 在豐太洞對出，公園南門旁邊，是由石灣酒廠出資興建，2019 年遷往現址的省級民營美術館——新石灣美術館。雖然面積不大，但經常舉辦一些高水平且費用全免的期間限定美術展。

◀ 到訪當日正在舉辦景德鎮國際陶瓷藝術雙年展之佛山站，展出來自不同國家及地區的 100 件優秀陶瓷作品。唯因此書出版時該展已告落幕，故此不作詳細介紹。

南風古灶新貌

500 年歷史龍窯古蹟、陶器文創園

地 佛山地鐵 2 號線石灣站 D 出口

⏰ 建議遊覽時間：1 日

石灣自秦朝以來即為製陶重鎮，至明清兩代最為鼎盛，並流行注重表情刻劃的人物陶塑，這種陶塑稱為「石灣公仔」。清代全盛時期，石灣共有 107 座燒陶的龍窯，現存只剩下 3 座，其中兩座位於南風古灶景區內。

南風古灶景區主要分為同樣名為「南風古灶」的付費入場區域，以及周邊免費入場的文創園區、公仔街等區域。以往的南風古灶是對遊客來說交通不算方便的景區，不過自從佛山地鐵 2 號線通車後，現在由香港過來就變得十分方便，從石灣站 D 出口出來，已踏入景區範圍。

南風古灶（收費區域）

地 高廟路 6 號

⏰ 常規 08:30~17:30，夜間週五至日 18:30~21:00

費 ￥25 / 成人、￥12.5 / 兒童或老人

▲ 付費進入南風古灶收費區域的主要目的，我想是去一睹南風古灶古蹟的廬山真面目吧！

◀ 南風古灶始建於明代正德年間（1506－1521 年），是中國僅存最古老、且至今仍在使用的傳統陶瓷煉製工藝柴燒龍窯，被譽為「陶瓷活化石」。

◀ 在南風古灶旁邊還有一個較年輕、約 400 多年歷史的高灶。兩個灶會輪流使用，不過為免過度使用令龍窯受損，每個月只會燒窯兩次，而且通常只會提早一兩天在公眾號上通知，所以想親眼目睹燒窯盛況的話真是可遇不可求。

◀ 灶旁擺放的木牌，會標明今、明兩天窯的情況，以及記錄由古至今燒過多少次窯。六萬多次，綿延不息，恍如一場跨越五百多年的時空之旅。

◀ 收費區域內有不少可供遊客玩陶的文創店，每家收費有所不同，大約為￥80至￥90，較坊間的玩陶店貴。不過所有店舖均聲稱成品是會放進南風古灶或高灶內以柴火燒製（店外通常會掛着「龍窯柴燒」的牌子），也是在這裏玩陶最「值錢」的地方。

▶ 由於龍窯柴燒成果並不可控制，有商家表示最終可能會得到一件燒製失敗的成品。此外有多個商家均表明客人不可自行上釉，只可揀選喜好的顏色，建議體驗前先向商家詳細查詢。

▶ 這些店舖也會售賣龍窯柴燒的文創手信。由於「窯變」的關係，每件手信外觀都有明顯分別，有選擇困難的人可能要花上大半天才能選到最心儀的一件。

▼ 在大門右邊的古窯映像展示館，每逢30分會有古法拉坯表演，以地上的圓形轉盤及一條麻繩，並以人力轉動製作圓形陶器作品。不過表演前後加插了很長的小丑、變臉及出售書法作品環節，實際拉坯時間只有約3分鐘。

▶ 收費區域內亦有其他小景點如古灶神榕、馬槽瀑布等，亦有一些咖啡店及其他類型的文創商店，由於篇幅所限，在此不作深入介紹。

南風造物

時 08:30~18:00

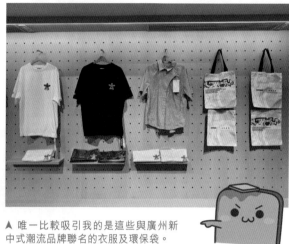

▲ 一家開在南風古灶收費區內的咖啡廳兼手信店。裏面的陶器雖然明碼實價，但價格明顯比周邊其他店舖以及後文介紹的 8 號藝術碼頭為高，不太建議在這裏購買。

▶ 這裏也有出售文創小擺設，不過我發現大部分均不是產自廣東，甚至有些是坊間連鎖精品店很常見的款式。

▲ 唯一比較吸引我的是這些與廣州新中式潮流品牌聯名的衣服及環保袋。

免費入場區域

▲ 免費入場區域有不少是由舊廠房改建而成。當中我最喜愛的是收費區域北門對出一帶，大部分建築外牆上種滿爬藤植物，在文靜的文化活動空間中，帶來一股生機勃勃的活力。

▲「長滿」紅花的荒廢煙囪。

◀ 位於景區正中央的公仔街，街道兩旁均是出售陶塑公仔及擺設的店舖。但由於大部分均不是明碼實價，建議選購前多找幾家店格價。

▲ 要深入了解龍窯柴燒的獨特之處的話，就必定要來逛逛廣東石灣陶瓷博物館。

廣東石灣陶瓷博物館

時 09:00~17:00（16:30 停止入場）

▲ 展館先詳細介紹陶器的基本知識，如陶土成分、製陶步驟、窯的種類、釉色樣板等。

▲ 陶器在窯內不同溫度階段的變化。

➤ 一個帶窯變效果的花瓶。龍窯柴燒由於窯內溫度不穩定，陶器表面容易發生不能預期的顏色變化，如產生漸變色等。自清代開始這種現象被視為一種缺陷美，稱之為「窯變」、「釉變」，這裏也有詳細解釋這種現象的成因及效果。

陶与瓷的区别

质地 区别	陶	瓷
起源时间	一万多年前	商代（三千多年前）
主要原料	粘土	瓷土（高岭土）
铁含量	3%以上	3%以下
吸水率	高	低
烧成温度	900℃～1300℃	1300℃～1400℃
表面	粗糙	细滑
敲击时声音	深沉	清脆
特性	透气性强 耐急冷急热	不透气 不耐急冷急热
器型格调	朴实、浑厚 粗犷、稳重	华丽、轻巧 细腻、质薄

注：另外还有一类介于陶器与瓷器之间的制品，叫炻器。

◀ 陶瓷陶瓷，陶與瓷究竟有何分別？看完此表就明白了。

◀ 展館共兩層，樓上一層主要介紹石灣陶業的發展歷史，並介紹各種陶業行會，當中有不少行業皆是千奇百興，聞所未聞。例如古代石灣有生產以陶土製作的瓦棺材，更於清末成立行會作規範化經營。

▼ 亦有講述石灣公仔的發展及精巧之處。

◀ 超級迷你的山公微塑。

▼ 也有詳細講解前文介紹祖廟博物館時提及的陶塑瓦脊。

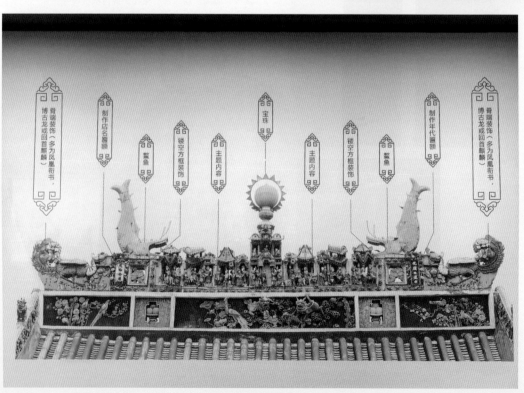

脊端裝飾（多為鳳凰銜書，博古龍或回首麒麟）

制作店名匾額

鰲魚

鏤空方框裝飾

主題內容

宝珠

主題內容

鏤空方框裝飾

鰲魚

制作年代匾額

脊端裝飾（多為鳳凰銜書，博古龍或回首麒麟）

玩陶藝術中心

時 08:30~17:30

➤ 可供數十人同時玩陶的中心，價格比收費區域內的小商舖便宜，亦可以自行上釉，不過只會用電爐燒製成品。雖然成功機率十分高，卻無法產生「窯變」、「釉變」等效果。

◄ 中心下層是廉價陶瓷市場，主要出售日用品如杯、碗、碟等等，當中不乏價格比淘寶上還要便宜的貨品。

和膳居私房菜館

地 和平路 12 號建國陶瓷廠 14 幢 102
時 11:00~14:30、17:00~21:30

➤ 雖然開在景區橫巷內，但由於出品不錯，加上價格公道，所以有不少本地人光顧。

➤ 金絲盞（￥42）
有點像茶樓雜果沙律卷的升級版本。裏面是新鮮青瓜紅蘿蔔火龍果沙律，甜度適中且清爽；而外面類似卜卜米的脆粒，是用春卷皮以人手切成細條再炸成，口感酥脆。

▲ 脆皮鍋貼時蔬（￥58）
魚滑混合菜絲搓成餅狀，並以腐皮包裹，沾上炸粉後油炸再切件，吃之前可以蘸一下蜜糖芥末醬。外層香脆，魚滑鮮嫩，味道不錯，只是稍為油膩。

◄ 生煎鵝（￥96）
如果你很喜歡吃麥當勞的將軍漢堡，你肯定會愛上這裏的生煎鵝（即碌鵝），因為醬汁的味道幾乎一模一樣！加上火候控制得很好，連鵝胸的部位也十分嫩滑，是我近年吃過最好吃的碌鵝。

8 號藝術碼頭

（新石灣美陶廠）

明碼實價陶器精品店

地 忠信路 49 號五座六

時 週一至五 08:00~17:30、週六日 09:30~17:00

交 地鐵 2 號線張槎站 B 出口步行 1.1 千米

🕐 建議遊覽時間：0.5 小時

距離南風古灶約 5 分鐘路程的 8 號藝術碼頭，是一家名為「新石灣美術陶瓷廠」的公司總部。大門旁設有「文創家居館」及「珍陶館」，其實皆是出售陶器的門店。

▲ 這裏不但全部明碼實價，而且正如我在前文所說，相同款式的陶器在這裏的售價會比在南風古灶景區內的低。另外價格標籤上也同時標明該件陶器的作者及職稱以供參考。

◀ 珍陶館出售的則多為大型陶製擺設，當中不乏精巧作品，價格也沒有想像中那麼高。例如這個名為「秋山紅葉」的作品，也僅售￥6800。

▲ 其中文創家居館所出售的陶器較為親民貼地及實用，例如有陶製茶具、錢罌、小擺設等。

▼ 即使你對購買這些大型擺設興趣不大，這裏也歡迎大家當作美術館免費參觀。

➤ 珍陶館連通到一個小型博物館──同慶石灣公仔博物館。到訪當天是週末，博物館範圍竟然沒有開燈。向珍陶館店員查詢後，才知道只於平日開放。

▼ 博物館內容較為簡單，只着重講述石灣公仔的發展歷史，以及部分近代陶藝家的生平，即使錯過了我也覺得不算可惜。如欲深入了解石灣陶藝，前文介紹位於南風古灶的廣東石灣陶瓷博物館會較為合適。

▲ 整個展館最吸引我的，其實是這些在二戰後石灣陶業低谷時期製作的拙劣公仔，有一種缺陷美。

附近景點

美陶灣・柒號陶倉

與 8 號藝術碼頭只是一街之隔，到訪當天仍未正式開幕的小型文創園區，將會有多個知名陶瓷藝術家在此開設個人工作室。據悉部分工作室設有美術館的部分，惟因資料不足，尚未清楚是否需要付費入場。

2022 年 10 月 OPEN

太吉咖啡

超有驚喜米酒咖啡

不知道大家有沒有喝過香港超級市場都能買到的米酒**玉冰燒**呢？此酒據說是於清朝末年，由石灣陳太吉酒莊第三代東主、石灣酒廠創始人所創。其獨特之處是在釀造的過程中**加入肥豬肉泡浸**，令酒質更醇和，較易入口之餘亦帶一股脂香味。據說陳太吉酒莊（即石灣酒廠）近二百年來並無搬遷，依然是在石灣東平水道河畔原址設廠，更於 2014 年起設立景區並對外開放，內設嶺南酒文化博物館等景點可供參觀。

地　太平街 106 號廠內
時　08:00~17:30
交　地鐵 2 號線石灣站 A 出口步行 900 米
🕐　建議遊覽時間：1 小時

▲ **經典玉冰椰拿鐵（￥22）**
最招牌的是這款經典玉冰椰拿鐵，很有創意地以原本小杯裝玉冰燒的玻璃杯盛載。因玉冰燒含脂肪成分，與牛奶十分搭配，更能把奶香味昇華，變成一杯奶味特濃的拿鐵。再加上椰香、米香及咖啡香氣，非常有驚喜！

或者由於玉冰燒名字給人感覺過於老氣及廉價，酒廠為吸引年輕客群嘗試這款產品，2022 年於景區開設太吉咖啡，主要售賣加入玉冰燒製作的各種咖啡及特調。

▲ 奶蓋上方還有以朱古力粉印上陳太吉酒莊的商標，有點可愛。

▼ 喝光咖啡後，玻璃杯是可以帶走留念的。

▲ 不過駕駛人士請注意，由於這款拿鐵真的有玉冰燒成分，所以喝完後不建議立即開車，店員則建議最好等待 30 分鐘或以上時間，其間可以逛逛旁邊的博物館，看看真人製作玉冰燒。但留意博物館週一閉館，9 點至 5 點開放，有興趣的讀者請在 16:30 前入場參觀呀！

佛山王府井
紫薇港
WALKIN

佛山最大商場

地 季華四路 70 號
時 10:00~22:00
交 廣佛線季華園站 C 出口步行 1.3 公里
🕐 建議遊覽時間：2 小時

王府井紫薇港是**佛山現時最大商場**，連地庫一層共有 7 層高，總面積達 320 萬呎，略大於深圳龍崗萬達廣場，比前海壹方城小一點。商場共有 3 個巨型中庭廣場，每個均設有不同主題的大型 LED 藝術裝置，分別為「山」、「水」及「花」。

相信大家到佛山玩，應該會想體驗當地特色，沒甚麼興趣逛與深圳或珠海相差無幾的大型商場，所以此書會盡量不作介紹，除非該商場有特別吸引我的特色。而王府井紫薇港是少數符合我要求的佛山商場。

▼ 連接商場正門的中庭設有一個達 5 層高，六角柱型的巨型 LED 裝置。LED 會經常播放海底動畫，時而有魚群，甚至是巨鯨游過，感覺像置身水族館中。

▲ 雖說是海底，但為營造夢幻感覺，海床偶而會長出一棵「櫻花樹」，營造櫻花漫天飄落的效果。

◀ 如果走近仔細一看，會發現整個裝置其實是被一個玻璃罩包裹，玻璃表面更有一層薄薄的水從柱頂流下來，

▼ 另一個中庭半空懸掛着一高一矮兩個球體。較高的一個表面為 LED 螢幕，播放着花開花落及蝴蝶飛舞的動畫。

▲ 而較矮的一個則靠在 4 樓的圍欄上，上面佈滿一朵朵花卉造型的燈，亦會構成花卉動畫。

▶ 中庭地面設有巨型圓型 LED 螢幕，當有人走過就會產生互動效果，例如會出現波浪、開花等動畫，也會跟空中兩個球體上的動畫互相呼應。

◀ 最後一個中庭是由 5 個大小及高低不一、呈三角帶狀型 LED 熒幕裝置，組成一座山的形狀。根據商場開業前的宣傳影片，以及我現場目測地面上設備，整組裝置應該能上下擺動，但商場工作人員接受我查詢時，則表示開業至今未聽聞該裝置會增設移動效果。

▼ 商場於 2023 年開設了名為「紫薇星空光影藝術館」的部分，除了有圖書館、文創體驗商店及免費藝術展覽可供參觀，亦設有需付費、名為《夢回紫禁城》的光影藝術展。唯因價格較高（平日成人也要 ￥99），加上網上評價一般，故未有替大家入內體驗。

2022 年 1 月 OPEN

覓書店

地 4 層 4001 號
時 10:00~22:00

經常到深圳遊玩的讀者，應該對深圳本土書店品牌覓書店並不陌生。該品牌於 2022 年進軍佛山，首家門店選址在王府井紫薇港內。

◀ 紫薇港店有超過一半面積位處商場中庭位置內。為營造較廣闊的閱讀空間，又要降低上層遊人對讀者的影響，書店特以大量木條設計出一個像書本打開形狀的鏤空天花。亦由於中庭位置頗大，整個天花無論從哪個角度看都是相當震撼！

▲ 由於書店面積相當大，有較多位置劃作其他用途。例如有個很廣闊的活動空間，適合舉辦各類型的文化活動。

◀ 這裏也是我見過咖啡店部分空間最大的覓書店分店，即使週末也很容易找到空位，讓更多愛書之人可以一邊喝飲料，一邊沐浴在書海中。

禪城區 63

▦ 石灣餐廳介紹

潘師傅
私房菜傳統菜

地 華遠西路，華遠西公交車站旁（影蔭路路口北）

時 11:00~14:00、17:00~21:00

交 廣佛線季華園站 B 出口

雖然這家私房菜裝修很老舊，環境很一般，而且我覺得負責下單的阿姐語氣有點不耐煩，但據網上評價指其出品很用心，多年來廣受本地人歡迎。

◄ 雞雜浸豬腰（￥38）
招牌菜之一，也是最受網民推介的菜品。胡椒味較重，黃酒和薑味相對較淡，像在吃新加坡的肉骨茶。雖然它整體味道的確不錯，不過我會比較喜歡酒香味更重的浸豬腰，所以我覺得它還是跟我在順德區介紹的「豬腰世家」的出品有點距離。

▼ 酸梅鵝（￥55）
鵝肉肉香味稍淡，勝在肉質細膩。醬汁微酸微甜，略帶一點酸梅的香氣。重點其實是旁邊的秘製醃漬子薑，甜酸微辣，酸梅味很重，也令整體味道頗像豬腳薑。

▲ 蜜汁桂花骨（￥38）
炸過的排骨連同桂花及炸過的百合花一起炒。排骨外面微焦，裏面肉汁豐盈，甜甜的帶有超濃烈花香味，超級好吃！是我最愛的一道菜品。

佛山
創意產業園
新貌

- **地** 季華四路 33 號
- **交** 廣佛線季華園站 A 出口，於季華園巴士站乘 133 路巴士至季華四路東站。或佛山地鐵 2 號線登洲站 A 出口，於登洲巴士站乘 132B 路巴士至季華四路東站
- **⏱** 建議遊覽時間：3~4 小時

如果你問我全佛山，以至全廣東，甚至可能是全國最熱鬧的「文創園區」是哪一個，我覺得是佛山創意產業園（以下簡稱「創產」）。創產於 2012 年開幕，是由 33 棟獨棟廠房及倉庫改建而成的超巨型園區。雖然經過十多年的發展，時至今日創產內絕大部分商戶皆是連鎖商店，「文創」味道幾乎消散得無影無蹤，但開放式街區設計，加上舊廠房的工業氣息，令創產有一股很獨特的休閒及藝術氣質，吸引佛山人在這裏渡過工餘時光。

▲ 創產內的「茶飲街」，雲集眾多最受佛山人歡迎的茶飲品牌。

▲ 此「夜市」有別於我們平時可以「掃街」的夜市。這裏雖然有些街頭小吃攤檔，但數量不多。整個園區的常設攤檔只有數十檔，而且很分散，不是適合掃街的地方。

▲ 不過這裏的宵夜餐廳選擇十分多元化,甚至有一個名為「不夜城宵夜街」的區域。另外有些連鎖店在園區內開設的分店,其營業時間也延長至凌晨時分。深夜肚子餓的話,來這裏絕對不愁沒東西吃,只需煩惱吃哪一家好。

▲ 這裏也不乏一些全國知名的酒吧夜店品牌,例如響 LIVE、西西里等。想體驗佛山夜生活的話,來創產包你不醉無歸,樂而忘返!

◀ 開放式街區設計吸引到不少宵夜餐廳、酒吧及夜店進駐,並令創產成為佛山夜經濟最暢旺的地方。其宣傳標語甚至聲稱這裏是「中國十大夜市之一」。

2023 年 7 月 RENOVATE

25H 美食功夫大廈

地 創產園區 1 號樓

位於創產主入口旁的 1 號樓,2023 年重新翻新成一座以美食為主題的小商場,有十多家餐廳。雖然名為 25H 美食功夫大廈,但留意多數餐廳只營業至夜晚 10 點或 10 點半。

◀ 中庭位置設有小型美食市集。雖然攤檔數量不多,而且價格略為偏高,但衛生做得十分好,小吃的包裝也較為精緻。例如坊間的雞蛋漢堡通常只會用小紙袋盛載,這裏卻用上章魚燒用的小紙盒。

◀ 中庭旁還有一條約 4 米高,可供免費遊玩的滑梯,吸引不少小朋友排隊。

➤ 不過整個翻新工程的焦點是在大門正上方,懸掛在外牆的「佛山之心」。這是一個立體心形 LED 藝術裝置,由 784 個平面、2000 萬個像素點組成,並以時下受年青人歡迎的像素風格設計。不但可呈現各式各樣的立體視覺效果(當然也包括各種廣告),亦由於心形給人一種浪漫感覺,所以也有情侶在前面打卡,作為愛情見證。

先行圖書 · 局外人空間

地 創產園區 10 號樓 108 室
時 10:00~22:30

先行圖書是佛山一個有 20 多年歷史的獨立書店品牌，現時在佛山共有 4 間分店。當中位於創產的分店最為特別，因為是與另一個獨立書店品牌「局外人空間」聯合開設的分店。雖然我未曾到訪先行圖書其他分店，未能準確向大家說出這裏跟其他分店的分別，但是剛踏進書店的門口，已感覺到這是一家與眾不同的書店。

◀ 開始逛這家書店前，建議先到門口旁的小桌上領取一份手繪「遊玩地圖」。除了讓你更清楚這裏有甚麼可以「玩」，亦可參與集章遊戲。

▼ 雖然只有 5 個印章，但它們被放在書店內不顯眼的角落位置，要集齊一整套其實不容易，當天我和朋友也花了差不多半個小時才能全部找齊。集齊後當然可以換領禮品，不過這裏就賣個關子，大家來親自玩一次便知道是甚麼了。

▲ 書店共兩層高，樓下一層面積較小，幾乎只有一條走廊通道。通道旁書架上放滿用紙袋完全密封的盲選書本福袋，紙袋上寫滿了有關該本書的提示，格價則標示在後面。如果你最近不知該看甚麼書，不妨試試手氣買一個福袋回去，有可能會成為你下一本愛不惜手的書呢！

▲ 手寫標示在整家書店隨處可見，就連書架上的分類指示牌也是手寫的。另外擺放在書架頂部的書也是很簡單地用尼龍繩紮起，給人感覺這是一家很隨性，也很有個性的書店。

▲ 與內地絕大部分書店一樣，先行圖書也有售賣咖啡等飲料，甚至供應少量輕食如蛋糕意粉等。不過這裏沒有很明顯的用餐區域，桌椅遍佈書店每個角落，讓你更能沐浴在書海中，一邊用餐，一邊看書。

▲ 這裏設有自修室空間，裝修很像內地大學的宿舍，或者是想使用者可以在校園學習氣氛下能更專心用功吧！不過使用自修室需要付費，一次為 ￥29。

2022 年 10 月 OPEN

25H SKY FARM
天空農場

地 創產園區 23 號樓樓頂　　**時** 10:00~22:00

天空農場是開設在創產其中一棟大廈天台上，免費入場的小型動物園。

◀▲ 雖然這裏面積不大，但飼養的品種挺多元化，有小豬、兔子、山羊、孔雀等，甚至有一隻乳牛呢！

▼ 由於這裏是全露天設計，空氣流通特別好，所以即使很靠近小動物，也幾乎不會聞到異味。

▲ 如果想親手餵飼動物，這裏的蔬菜格價也比坊間的動物園便宜，一大袋只需要￥10，￥50 更有 8 大袋呢！

▼ 這裏也有種植一些農作物，據説有番茄、茄子、辣椒等我們經常見到及吃到的蔬菜。不過到訪當天就只看到還未成熟，仍然呈綠色的香蕉。

▲ 還有一個算不上可愛，但絕對是新奇有趣的恐龍造型滑梯。

➤ 由於禪城區大部分樓宇比較矮小，天空農場所在的創產 23 號樓已算比較高，所以身處天台放眼四周比較開闊，甚至有種置身野外的錯覺。

小貼士

佛山創產其實正正位處前文介紹，屬石灣鎮街道的商場王府井紫薇港的正對面。商場 2 樓連接行人天橋，可通往創產的不夜城宵夜街大門口。由於無論創產抑或王府井紫薇港，皆是面積十分龐大的商業體，吸引不少本地人平日晚上及週末假期前來消費，導致兩者中間的季華四路經常塞車。如需叫網約車前往這兩個地方，建議可在周邊其他路段下車。而塞車情況相信要待 2026 年，當在這裏設站的佛山地鐵 4 號線通車後才能舒緩。

舊廠咖啡

獨棟工廠改建咖啡店

- 地　東鄱南路 5 號
- 時　10:30~22:00
- 交　佛山地鐵 2 號線石灣站 C 出口，於石灣公園巴士站乘 172 路巴士至東鄱南路中站，步行 350 米
- 🕐　建議遊覽時間：1 小時

◀ 雖然我查了不少網上資料，都沒有查到原本是哪種類型的工廠，但這裏依然保留原有的磚牆、管道，甚至還有兩條煙囪（不過只剩下最底下的一段 XD）。

跟前文介紹的好好咖啡一樣，舊廠咖啡也是一家由整座舊工廠改建而成，兩層高的巨型咖啡店。

▲ 我最喜愛這個要從樓上戶外才能進入的小小閣樓位置。裏面擺放了 2 張懶人梳化及小茶几，形成一個類似小包房、相對比較私密的空間，特別適合情侶享受二人時光。當然也適合與朋友躺一躺，稍作休息。

◀ 當然這裏有不少地方有作改建，例如地下大部分牆身換成落地玻璃，讓整家咖啡店顯得十分明亮。加上這裏以灰啡黑三色作主調，再以綠色植物作點綴，有種很安逸的感覺。

▲ 殘缺的磚頭及水泥牆，加上大黑框玻璃窗，是時下最流下的工業風裝修，也是很受歡迎的打卡位。

◀ 另外這裏大部分座位均是有背靠的木製椅子，當中更有特別設計、可供半躺半坐的款式，亦有一些梳化座位。在這裏喝咖啡，我覺得比好好咖啡更舒適。

▶ 不過到訪當日咖啡店仍在試業中，所供應的產品皆是其他咖啡店很常見的款式，毫無獨特之處。更致命的是就連我這個不懂咖啡的人，都覺得出品味道十分一般，因此我建議大家隨隨便便買杯飲品來打打卡或消磨時間就好。

2022 年 6 月
RENOVATE

紫南文化旅遊區

新一代的嶺南水鄉

地 南莊紫南村信德路紫南足球場斜對面

時 09:00~17:00

交 地鐵 2 號線湖涌站 A2 出口，轉乘 G13 路巴士至紫南小學站，步行 1.2 公里

建議遊覽時間：1 日

紫南文化旅遊區是由多條近年翻新的鄉村組成的免費參觀旅遊景區，更於 2023 年被評定為國家級 4A 級旅遊景區。景區有多條水道縱橫交錯，可供遊客體驗新一代的嶺南水鄉風情。

▲ 由於景區佔地面積相當大，並有眾多小景點分佈在景區內，單靠步行遊覽會比較辛苦，所以景區有提供兩種收費遊覽方式，其中一種是乘坐電瓶車（￥15 / 人，購票當日不限次數乘坐），可在景區內 9 個車站隨意上下車。

「紫南船説」水上遊

地　紫南碼頭
時　09:30~17:30
價　￥38 / 人

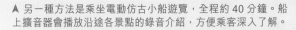
▲ 另一種方法是乘坐電動仿古小船遊覽，全程約 40 分鐘。船上擴音器會播放沿途各景點的錄音介紹，方便乘客深入了解。

▲ 説實話由於紫南各村都是翻新不久，遊船沿途的景色皆為簇新的仿古搭建物，加上水上遊並沒有提供像順德逢簡水鄉的手搖船，欠缺古韻味。

▲ 不過水上遊仍能給予一些獨特的體驗。例如沿途會經過多個橋洞，每個橋洞的拱壁都有主題及風格各異的壁畫。

▲ 水上遊更會途經由 100 幅壁畫組成、總長超過一公里的長卷岩板壁畫。每幅壁畫以陶瓷岩板工藝製成，分為 3 大主題，分別為「中華五千年文明史話」、「廣東經典文化風物」及「佛山文化風物及文化遺產」。雖然可用步行方式觀賞壁畫，但從水上角度更能看清每幅壁畫的全貌，也更能感受整幅長卷之宏偉。

▲ 水鄉最受歡迎的運動不是跑步，也不是「打波」，而是扒草艇。坐船遊覽期間，你經常會遇到當地村民結伴一起扒艇，而河道沿岸當眼處的欄杆亦會掛上鼓勵村民扒艇的標語。

◀ 甚至會見到有些村民獨自扒單人艇。

簡單小苑

地 信德路與紫南路交叉口西 200 米
時 13:00~23:00

樓底超高的歐洲鄉村風咖啡店，戶外有一片草地，加上咖啡店裏裏外外均滿佈植物，輕輕鬆鬆就能拍出效果不錯的照片，因此吸引不少本地人過來打卡。亦由於咖啡店位處景區遊客中心附近，是不少遊客必經之處，也是周邊暫時唯一的咖啡飲品店，所以生意不錯。

➤ **榴槤趴趴熊（￥38）**
睡覺熊仔造型的榴槤蛋糕，雖然一刀切下感覺有點殘忍，但裏面的確很足料，能吃到一絲絲的榴槤蓉。

▲ 這裏最招牌的並非它們的咖啡或特飲，而是各款蛋糕。當中有不少造型都是十分「呃 Like」，例如有大眼仔、芝士、花朵等。

吳信坤藝術館

地 信德路與禪港西路交叉口東 220 米
時 週二至日 10:00~12:00、14:00~16:00
休 週一

雖然網絡上的資料都顯示吳信坤藝術館是於 2020 年年初開幕，不過從館內展品說明的殘舊程度來看，我很懷疑這裏是否真的只有四年多歷史 XD～儘管如此，我仍然覺得這個藝術館是整個紫南景區最值得一看的景點。

▲ 吳信坤教授是美籍華裔著名雕塑家，雖然內地較少公共空間有樹立他的雕塑，所以我不太熟悉他的作品；不過在他多年來的教學生涯中，栽培了不少著名藝術家，例如廣州美術學院院長黎明教授，其創作的長沙橘子洲頭毛澤東青年藝術雕塑，已成為長沙市的地標。

➤ 我之所以對這個景點那麼高評價，是因為吳教授的作品真的很符合我口味。展館內展出近百件青銅、石雕、陶塑作品，可粗略分為 3 大風格，其中寫實風格真的做到栩栩如生，肌肉線條活靈活現。即使是使用堅硬的材料製作，你仍然會覺得像真正的血肉之軀一樣充滿彈性。

▼ 抽像風格的人物雖然沒有眼、鼻和口，但身型大多比較豐滿圓潤，有點可愛 XD。

➤ 基於吳教授的背景，有不少作品皆以中西對碰作題材。例如這個將東西方哲學奠基者──孔子與阿里士多德──碰杯的作品，甚具趣味。

▲ 另外由大門到藝術館門口的戶外水池花園，除了擺放了吳教授部分大型作品，亦同時展出國際上其他知名雕塑家的作品，對喜愛雕塑藝術的人來說，絕對是一個樂園！

位於紫南旅遊區西部，原名有點搞笑叫做「村頭村」的洛神藝術村，本來有一個分 4 期開發的活化計劃，打算將村內 118 棟閒置的舊民宅，按照「一樓展覽館、特色店舖，二樓民宿」修繕成特色展館。不過或許因疫情關係，現時只完成第一期工程。

洛神藝術村

地 紫南村頭村

➤ 幸好一期範圍已進駐了幾家環境不錯的咖啡及茶飲店，吸引不少遊客特意來打卡。

◀ 如果選擇乘坐景區的電瓶車過來，在下車點附近會見到這幅巨型龍貓壁畫。話說當天我找了很久都找不到這幅畫，唯有問問附近村民。原來這邊的廣東話口音會把「貓」字讀成「miu」，結果村民一直跟我說「龍 miu 龍 miu」，害我差點很不禮貌地笑了出來 XD。

▲ 商舖附近有些有趣的打卡位。

◀ 雖然這裏現時比較冷清，不過可以在服務中心免費領取一張明信片，然後到其中 5 家商戶收集一套 5 個的印章，費用全免。

➤ 到訪當天已見到二期工程正在如火如茶地進行中，也有些一期商戶在翻新，相信整條村很快就會變得熱鬧起來。

阿農灣農耕文化園

地 紫南村粵強路 6 號 A10

時 08:30~17:30

交 佛山地鐵 2 號線湖涌站 A2 出口，轉
乘 G13 路巴士至阿農灣農耕文化園站

阿農灣是一個以農耕為主題的樂園，類似香港新界的有機生態園，不過規模大很多。這裏最特別是有一個農耕文化博物館，展示很多木製農耕器具。雖然館藏十分豐富，但美中不足的是絕大部分欠缺相關說明，如果想深入了解各樣器具的用法，後文介紹位於三水區的糧食博物館會是更好的選擇。

▼ 樂園大得可以坐小火車遊覽。

◄ 不過這裏最吸引我的是博物館旁空地上這些古代大型農耕機械，例如人力水車、石磨、抽水泵等等，全部可供遊人操作，因此小朋友把它們當作遊樂設施，也能讓他們在遊玩中明白這些機械的原理。

▼ 推動這個大石磨一點都不輕鬆，真的要「出盡奶力」！

▲ 這裏不同季節會推出包括應季活動的親子套票。例如到訪當天快到清明節，所以套票包含採摘剛成熟的番石榴或小番茄。

➤ 煨番薯所在的位置也是燒烤及野炊的場地。「野炊」是內地很流行的野外體驗，簡單來說就是用木炭生火來煮食。農耕樂園有齊全的配套設備，例如灶台、鋅盆、大鐵鍋等，亦有出售預先處理好的食材，方便新手初嚐野炊滋味。

◄ 也可以體驗一下磨豆漿和煨番薯，不過豆漿要帶回家煮滾後才可以喝哦！

◀ 另外有些比較簡單的機動遊戲和無動力遊戲，但我不太建議遊玩，因為當天看到好幾個工作人員都沒有在專心工作，導致險象環生。

➤ 阿農灣也有其他生態園常見的體驗，例如餵飼小動物、野外歷奇遊戲等等，這裏就不作詳述了。

小貼士

紫南旅遊區內尚有仁善「三館」（廣府家訓館、佛山好人館、紫南村史館）、紫南老街、彩虹園等其他小景點。喜歡鄉村漫遊的話，可以在這裏待上一整天。

另外據說每逢內地假期，芳華谷會有由村民籌備，需另行收費的大型水舞聲光秀，不過由於我到訪當天並非假期，故未能為大家求證。

附近景點

四季藝術匯

地 科潤路綠島湖

時 週二至日 10:00~17:30

休 週一

交 佛山地鐵 2 號線綠島湖站 A 出口，轉乘 144 路巴士至科海路西站，步行 1.3 公里

仍在發展中的四季藝術匯是一個沿湖而建的景點，環境十分清幽。現時進駐的主要是藝術家的工作室，部分附設小型展廳，展出該名藝術家的作品，供遊客免費觀賞。

維也納
智好酒店●

陳啟沅
紀念館
●

樵高路

樵嶺國際●

②

●凰樵假日

樵園
餅屋

江浦西路

映記

VANPARK

●西樵山
便利購plus

樵高路

河濱路

聽音湖

●

●鍾貞亭

觀心
小鎮

聽音
廣場

西樵山觀光索道

樵CAMP

寶峰寺

天湖●

官太路

西樵山森吧
飛越叢林探險樂園

①

環山大道

瞧溪谷
●

●覽江亭

環山大道

南海
博物館

大同路

漁耕粵韵
文化旅遊園

● 西樵山 ② 廣東千古情景區

桂城

西樵大橋

九樵路

順德水道

保合線

南九路

九樵路

南海區

「廣東四小虎」之一，與鄰近的番禺、順德合稱為
「南番順」，現為佛山面積最大的區域。基於歷史
原因，與順德區均曾有自行發放的車牌（南海：粵
Y、順德：粵 X）。現時兩區雖然只會發放佛山市的
粵 E 車牌，但市面上仍有不少舊有的粵 Y 粵 X 車輛
行駛。

受惠於廣佛線開通，與廣州相鄰的南海區發展十分
迅速。其中桂城千燈湖一帶更是佛山的核心商業
區，每晚均有燈光表演，亦有全佛山最大的夜市。
同時每日有不少南海人來往廣州工作，是最能體現
「廣佛同城」的地方。

黃飛鴻的出生地西樵山也是南海必到的旅遊景區，
山上的南海觀音除了是世界上最高的觀音造像，更
是佛山地標之一。

鶴洞站

廣佛線

菊樹站

石溪站

珠江

廣州環城高速

廣州環城高速

沿沙路

浦華路　南浦站

三山
森林公園

科創大道

廣州
碧桂園

長隆
飛鳥樂園

④

中區站

三山
新城北站

③

玉器街站

文翰湖
公園站

會江站

橋南
海鮮舫

三山
新城南站

南大幹線

林岳北站

陳村大道

林岳東站

廣州南
汽車客運站

謝石公路

林岳西站

石壁站

廣州地鐵
7號線

佛山2號線　石洲站

林岳西站

廣州南站

桂城交通　廣州南站　佛山地鐵2號線 ⟶　林岳西站

西樵山

自然與文化、野外歷奇挑戰景區

地 西樵山風景名勝區（北門）

費 景區門票成人 ￥55、小童及長者 ￥25

交 佛山地鐵 2 號線南莊站，於南莊文化中心巴士站乘樵 17 路巴士，至登山大道口站，步行 10 分鐘

⏰ 建議遊覽時間：3~4 小時

相信大家就算沒去過佛山，也應該有聽過黃飛鴻的出生地——西樵山。整個西樵山風景區不但自然風光秀麗，亦涵蓋多個文化底蘊深厚的景點，當中最具標誌性的是座落於大仙峰峰頂的銅鑄觀音像「南海觀音」。觀音像高達 61.9 米，是世界上最高的觀音造像。

▲ 無論是用哪一種方式登山，想到觀音像內部參觀的話，你仍需要再爬約二百級樓梯。不過觀音像所在平台景色十分開揚，天氣好的話甚至能遠眺前文介紹的南莊紫南一帶呢！

▼ 想登山參拜，除了花力氣爬上山，亦可選擇以下兩種方法。一是在景區北門乘坐旅遊車（成人￥30、小童及長者半價）至觀景平台站下車，即可到達觀音像所在的寶峰寺大門對出。

▲ 二是於景區西門的客服中心乘坐於 2024 年五一期間翻新完畢的觀光索道（雙程票￥55/人）。有別於以往的開放式設計（只有座位），新索道採用密封車廂，對畏高人士較為友好。可惜小弟早在四月初到訪西樵山，當時新索道尚未開放，故未能為大家體驗。

附近新景點

2023 年 10 月 OPEN

樵 CAMP

地 西樵山亦有亭樞紐站周邊區域

時 09:00~17:30

交 乘旅遊車至亦有亭站

在亦有亭旁的小型動物園於 2023 年被還原為一片草地，並劃為免費的露營營地。據說這裏還會不定期舉辦應節活動，不過我四月份到訪的時候剛好錯過了。加上或許是平日的緣故，整個場地十分冷清，也缺乏方便露營的配套設施。

➤ 幸好這裏有多個掛在樹上的鞦韆，甚至有很原始的木板鞦韆，遊玩打卡兩相宜。

西樵山森吧
飛越叢林探險樂園

地 西樵山亦有亭至桃花亭區域
時 09:00~17:30
交 乘旅遊車至亦有亭站

门市价格
(扫码购票享门市的95折优惠)

票价	门市价	适合人群
黄线(儿童蛛网阵)	68 元/人/次	3岁以上
绿线(平衡穿越)	78 元/人/次	1.1米以上
蓝线(视音穿越)	88 元/人/次	1.2米以上
红线(惠味穿越)	98 元/人/次	1.3米以上
橙线含速降(激情穿越)	128 元/人/次	1.3米以上
金线(极限穿越)	138 元/人/次	1.4米以上
激情速降	48 元/人/次	1.2米以上
紫线(飞越西樵)	敬请期待	1.2米以上亲子或情侣价

西樵山近年大力發展針對年青人的新景點,當中最矚目的是森吧飛越叢林探險樂園。據樂園介紹,這裏是由法國設計師設計,所有設備及建材均由歐洲原裝進口,並獲歐盟安全認證,更是佛山以至珠三角最大規模的林間戶外探險項目。

◀ 整個樂園共有 8 條標以不同顏色及難度的路線,不同路線價格有所不同,由最便宜的￥48(每人),到最貴的￥138(每人)。或許由於屬西樵山收費景區範圍內,收費比想像中便宜。

▶ 最簡單的黃線是適合 3 歲以上人士遊玩的巨型繩網陣。

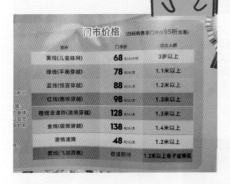

▲ 其他路線皆是穿梭於樹林之間,包括泰山韆鞦、懸空橋梁、滑索、速降等等,款式甚多,讓你挑戰不同路線都有不同的體驗。

◀ 相較於很常見的室內歷奇遊戲,在野外體驗會覺得自己更像泰山 XD。不過始終深入叢林之間,夏天蚊蟲較多,建議遊玩前先做好防蚊工作。

2023 年 10 月 OPEN

瞧溪谷

地 西樵山環山花海及南門步道區域

時 09:00~17:30

交 佛山地鐵 2 號線南莊站，於南莊文化中心巴士站乘 251 路巴士至佛山市第五人民醫院，或乘樵 01 路巴士至西樵山南門巴士站

景區範圍外的環山花海旁小溪連同附近一帶，現時被改建成一個名為「瞧溪谷」的樂園，最主打的是一種名為「溯溪」的運動遊戲。

▲ 這種遊戲（¥38／人）靈感來自部分爬山人士喜愛挑戰的傳統溯溪運動，同樣也是沿着溪谷逆流而上進行越野挑戰，不同之處是這裏裝設了不少障礙設備，例如輪呔陣、獨木橋等，令溯溪難度下降，安全系數上升，即使小朋友也可以挑戰。其實整體感覺就像前文介紹森吧的水上版本。

▲ 附近的湖泊也增設了不少遊樂設施，包括皮划艇、槳板、水上城堡等，價格由 ¥78 起。

小貼士

最近阿里巴巴旗下的共享電動車品牌「哈囉」在附近的環山花海及景區南門的停車場，擺放一些造型可愛、可供遊人自行駕駛的電動景區車。不過價格偏貴，平日 ¥50／30 分鐘，而且只限在環山花海至南門的步道上行駛，全長只有約兩公里。

西樵山便利購 plus（北山店）

在景區山腳北門對出，開了一家小型便利店。裏面賣的東西說實話沒有甚麼特別，不過它有跟內地著名醬油品牌海天合作，出售一款很特別的產品，吸引到我的目光。

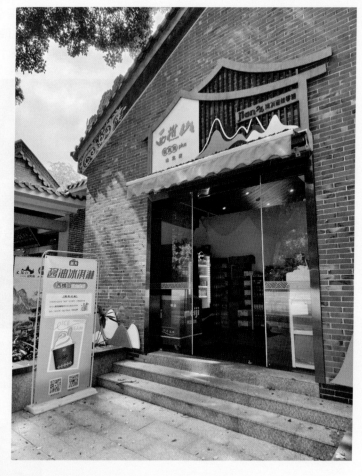

◀ 海天醬油雪糕（￥9.9）
亦即是豉油雪糕啦！裏面還有一包黃豆粉，可以倒在雪糕一起吃。雖然聽起來好像暗黑食品，不過味道絕對是很不錯的。雪糕口感幼滑，奶味很重，比香港本土品牌雪糕還好吃。味道以甜味為主，沒有想像中豉油的那種鹹度，有點像海鹽雪糕。加上黃豆粉混合奶味很像好立克，所以用一句話來形容它的話是「好立克味海鹽雪糕」。

小貼士

話說海天醬油總部位於與西樵一江之隔的高明區，不過高明各個景點的名氣遠遠沒有西樵山那麼大，海天選擇在這裏做推廣，也是很合理的事。但如果你打算順道去高明遊玩，我會建議你留待高明時才試這個豉油雪糕，原因請看後文的濱荷 PARK 生態文創園。

2024 年 2 月
OPEN

廣東
千古情景區

大型歌舞表演主題景區

地 樵高路 86 號

時 09:30~20:30

費 ￥238 / 成人（提前一日在網上買票 ￥198 / 成人）

⏲ 建議遊覽時間：3~4 小時

若你以往已喜愛遊歷全國各著名旅遊城市，例如西安、麗江、三亞等地，相信也有聽過宋城集團旗下各個位於這些城市裏的千古情景區。而廣東首個千古情景區，就是位於佛山西樵。各個千古情景區均有一個共通點，就是都有一個與景區同名，並融入當地文化特色元素的**大型歌舞表演**作為最大賣點。此外景區內尚有其他表演及遊玩項目可供體驗，亦有不少打卡位。

「廣東千古情」表演

◀ 表演全長一小時，當中不少環節均有表演者在觀眾席間表演，甚至有吊威也的「空中飛人」從觀眾席後方飛出。

➤ 舞台上也經常出現水元素，例如下雨、瀑布等。

➤ 仿照杭州《印象西湖》的唯美場景。

◀ 煙霧加鐳射光束，形成夢一般的感覺，雖然似曾相識，卻是全場觀眾發出最多驚嘆聲的環節。

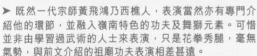

➤ 既然一代宗師黃飛鴻乃西樵人，表演當然亦有專門介紹他的環節，並融入嶺南特色的功夫及舞獅元素。可惜並非由學習過武術的人士來表演，只是花拳秀腿，毫無氣勢，與前文介紹的祖廟功夫表演相差甚遠。

◀ 或許是因為我以往經常觀看各地的大型歌舞表演節目，對這些表演的套路比較熟悉，而廣東千古情除不太精彩的武術環節，其他地方也無獨特之處，驚喜欠奉。不過相對於其他地方的同類表演，這裏的門票價格算是比較便宜，適合較少觀看這類表演的人士。

其他遊玩項目

◄ 主劇場於其餘時間會有其他表演，例如這個 5D 實景劇「大地震」，重演汶川大地震部分人物故事。特別之處是會在開始前邀請觀眾上台，擔任「臨記」參與演出，加上劇情感人，我覺得更勝「廣東千古情」演出。

▼ 景區內有多條仿古及異國風情步行街，絕對是打卡勝地。當中最受歡迎是民國主題「穿越街」，街上更設有換裝館，有漢服及旗袍出租。

▲ 穿越街亦是巡遊表演的舉辦場地，由多名穿旗袍的人員作舞蹈表演。不過巡遊音樂聲響過大，甚至會令人耳朵感到不適，不太好受。

▲ 兩個裸眼 3D 項目「幻影空間」及「虛擬空間」，觀眾都是坐在透明玻璃平台上，觀看正前方及上下左右熒幕上的動畫。不過動畫質素不高，3D 感覺不強烈，加上旁白聲音過小，大多被其他音效掩蓋，令觀眾未能清楚了解故事內容。

▶ 沉浸式演出「南海一號」及「廣州起義」復原了兩個著名歷史事件的情景。不過場景過於陰暗，整體感覺更似沒有「鬼」出來嚇人的鬼屋，膽小者不建議遊覽。另外景區亦有「真」鬼屋──「聊齋」及「恐怖研究院」。

▼ 景區尚有另一大型劇場「Oh！珠江」仍未開放。根據宣傳品介紹，劇場內置大型水池，將有 1：1 仿古船隻參與演出，並有大量煙火效果，相信表演效果較為刺激。

小貼士

購買景區門票時，需同時選擇想觀看「廣東千古情」表演的場次。每日場次視乎客流量由 2 至 6 場不等，可於各大旅遊 App（如 Trip.com、大眾點評等）的購票頁面中查看，而具體座位訊息將以短訊形式發送至購票時填寫的聯絡電話。

附近景點

◄ ▲ 由廣東千古情往聽音湖方向走，會途經名為「VAN PARK」的大草地。這裏長期會舉辦汽車市集，約有十多檔客貨車攤檔，主要售賣輕食、咖啡及酒精類飲品。

▼ 另外聽音湖旁的觀心小鎮除了有一些特色餐廳，例如下文介紹的映記分店外，沿湖的步行街上亦有一個小型夜市，約有二十個攤檔。

樵園餅屋

地 江浦東路 43 號之一至 4501-02 室　　時 07:00~22:00

交 佛山地鐵 2 號線南莊站 A 出口轉乘樵 15 路 / 佛 251 路 / 226 路巴士至永安站

西樵大餅與光酥餅到底有甚麼分別，說實話我也搞不清。只知道西樵大餅非常大，一個人基本上吃不完，而光酥餅的分量相對來說比較適中。不過現在在香港已經很難找到新鮮做的光酥餅，想吃到這種兒時味道，西樵大餅是不錯的代替品。

◀▲ 西樵山名氣比較大的西樵大餅店有兩家，一家叫金山餅店，另一家是樵園餅屋。其中樵園餅屋推出的小型版西樵大餅（￥6），就更像光酥餅了。

2022 年 9 月 RENOVATE

映記（總店）

地 江浦東路永安公交站旁

時 07:30~21:00

交 佛山地鐵 2 號線南莊站 A 出口
轉乘樵 15 巴士至永安站

在西樵有 3 間門店，主打魚蛋粉的映記，其總店於 2022 年重新裝修，更加光鮮簡約，符合現代的審美眼光。

➤ **淨魚蛋（￥12）**
最招牌的魚蛋雖然十分彈牙，不過鮮味略淡，勝在價格很便宜，￥12 的淨魚蛋竟然有差不多 20 顆！

◄ **蘿蔔牛腩（￥17）**
我更欣賞的是這裏的牛腩，雖然沒有前文介紹燜記的牛雜燜得那麼夠火喉，但腩汁很香濃，而且用上蝴蝶腩，牛味很重。

➤ **腩汁撈豬腸粉（￥5）**
如果你很喜歡這裏的腩汁，還可以叫這個撈豬腸粉。豬腸粉很彈牙，也很重米香味，加上香濃腩汁，令人欲罷不能！

▲ **半煎餃子（￥12）**
這裏的煎餃子也是不能錯過的美食，輕薄外皮煎得焦脆，餡料飽滿新鮮，韭菜味香濃。

三山
高鐵公園

沿高架高鐵軌道興建的公園

- 地 港口路宜安科技園旁
- 交 南海有軌電車 1 號線文翰湖公園站 D 出口步行 1.8 千米
- 時 建議遊覽時間：1 小時

離廣州南站約 10 分鐘車程，沿着架空高鐵軌道底下興建的長條形公園。有四條高架橋，一共六條軌道橫跨整個公園，所以經常能見到高鐵在頭頂飛馳而過。

▲ 高架橋底下綿綿不絕、高低不一的橋墩，雖然真實存在，卻讓人感覺很科幻，成為這裏最獨特的風景。

➤ 公園總長約 3.6 公里，被馬路分隔為 A 至 G 七個區域。各個區域綠草如茵，部分更有流水景觀，風景幽美，適合野餐。另外設有緩跑徑及單車徑，是附近居民做運動的好地方，故又名「南海健康主題公園」。

鐵路文化廣場

各區域中最特別的是又名「鐵路文化廣場」的 F 區。在高鐵軌道靠近廣場大門的一邊，擺放了一卡舊式綠皮火車車廂，內部基本保留了以往的陳設及座位。

◄ 甚至連蹲廁也是原封不動保留下來呢！

► 而在軌道另一邊，一個仿建舊式火車站月台的場景「願望月台」旁，則擺放了一架 2019 年才退役的「紅皮車」連火車車頭。

▲ 車廂內部同樣保留少部分舊時的陳設及座位。由於是較豪華的皮革座椅，加上行李架上還擺放了一些道具行李箱，打卡效果比綠皮火車好。

► 其餘位置則被改造成小型展覽廳，簡單講述內地鐵路的發展史，以及三山高鐵公園的前世今生。

▲ 廣場內還有一條「知識走廊」，擺放了不少講解高鐵列車相關知識的立牌。例如：你知道火車和打噴嚏哪個速度更快嗎？你們覺得呢？

2023 年 9 月
OPEN

琛·翡翠文化藝術館

認識玉器基本知識的好地方

地 平東大道東路 11 號琛寶來廣場 A 區三層 3P3 號

時 週二至日 10:00~17:00

休 週一

費 免費參觀（進場前先以微信預約登記）

交 南海有軌電車 1 號線玉器街站 A 口步行 460 米

🕐 建議遊覽時間：1 小時

南海平洲是世界上著名的玉石加工地，據說全世界約 8 成的玉鐲皆是來自平洲。在帶點仿古嶺南園林風格，又名「平洲玉器珠寶特色小鎮」的平洲玉器老街上，聚集了眾多售賣玉器的商店。近年這裏銳意推廣玉器文化，打算興建多座與玉器相關的藝術館。2024 年年初到訪時，琛·翡翠文化藝術館是已落成的其中一家。

這是由私人企業營運的非牟利文化藝術館，免費開放，更重要的是有專人解說！整個展覽最後一個部分是售賣翡翠珠寶的區域，當時我立即提高警覺，擔心是否誤入強逼消費的景點？誰知導賞員只是輕輕帶過，絲毫沒有向我推銷，甚至向我表明即使不買也沒所謂，所以我才放心向大家介紹。

▲ 逛這個展館真的可以學到很多翡翠相關知識，特別是如何辨別一塊翡翠是好是壞，當中包括「種、水、色」等要素。

◄ 翡翠原石，用電筒一照會透出綠色光芒。

千燈湖燈光秀

地　燈湖西路千燈湖公園
　　內市民廣場

時　週三至日《南海潮》
　　20:15~20:30、《千燈謠》
　　21:15~21:30

交　廣佛線千燈湖站 C 出口步行
　　1.2 公里

▲ 這裏也有展出不少由雕刻大師製作，巧奪天工的翡翠藏品。大部分展品巧妙地利用原石本身的缺陷，幻化成作品最精妙之處。即使你並無購買玉器的打算，這裏仍是非常值得一看的藝術館。

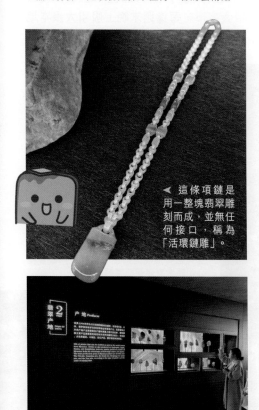

◀ 這條項鏈是用一整塊翡翠雕刻而成，並無任何接口，稱為「活環鏈雕」。

▲ 如果你對玉器或翡翠一竅不通，但又想來平洲玉器街選購玉器，我強烈建議你先來逛逛這個藝術館，提前了解選購玉器的基本知識。就我觀察所見，藝術館出售的珠寶均是明碼實價，這一點會較玉器街上大部分商戶做得好，但還是建議購買前先自行格價。

近年內地各大城市均喜歡在其核心商業區的各座大廈外牆上，設置 LED 燈光系統，並於特定日子晚上播放具該城市特色的燈光表演，有點像香港的「幻彩詠香江」。南海區的燈光表演選址在千燈湖一帶，最佳觀賞地點則在千燈湖公園內的市民廣場上，不但可以一覽大部分「參與演出」的樓宇，更可看到對出湖中央的水幕投影，以及對岸的多個屏幕。

▼ 市民廣場於 2022 年聳立了一座以鋼架製作、約有 12 米高的超巨型舞獅獅頭雕塑《醒》，晚上還有燈光變色效果。將傳統藝術以現代方式呈現，已成千燈湖的網紅新標誌。

2022 年 8 月
OPEN

燈湖西街夜市

佛山最大夜市

地　燈湖西路與南六路交叉口東南 120 米

時　15:30~00:30

建議遊覽時間：1.5 小時

位於千燈湖西岸的燈湖西街，是桂城人氣商場「佛山保利 MALL」的仿歐陸式建築步行街區，空間廣闊。疫情期間由於興起「地攤經濟」，這裏慢慢被發展成**佛山最大夜市**，每逢週末晚上吸引大量本地居民過來「掃街」。

◀ 我粗略算過，這裏大概有 200 個攤檔，雖然部分攤檔售賣的小吃大同小異，但要吃完整個夜市每一款美食，我猜至少要一個月吧！

▼ 夜市由商場營運，較高的租金令小食定價較佛山其他夜市稍貴，不過也意味着這裏的衛生監管十分嚴格。有次我甚至見過有攤檔因衛生不合格，而被管理公司勒令暫停營業整頓。

▲ 泰國露楚（￥25 / 8 個）
這裏最吸引我的地方是能找到一些在內地其他夜市甚少見到的美食，例如這些造型十分可愛，被稱為「泰式和菓子」的泰國特色甜品「露楚」。

◀ ▲ 每個露楚只有姆指般大，做成迷你蔬果的樣子。大菜糕外皮硬硬脆脆的，裏面則是綠豆蓉加椰奶做成的內餡，味道偏甜。雖然我覺得有點太甜了，不過打卡效果真的十分好。

▲ 我查過資料，這裏 2022 年曾進行升級改造，在旁邊的千燈湖湖中加入燈光水幕全息水秀、天幕投影秀等設備。不過我曾 3 次晚上到訪，都沒看到設備有運作。我問過「佛山保利 MALL」的客服台，工作人員也表示不清楚具體時間，所以未能求證是否真的有表演看。

◀ ▲ 芋泥波波杯（￥13.8 / 小杯）
在售賣泰國露楚的攤檔旁，有一個主打芋泥產品的攤檔。招牌是芋泥波波杯，芋泥很香滑，芋圓也很彈牙，加上賣相十分精緻，可以順道試試。

**2023 年 4 月
OPEN**

佛山市嶺南
金融博物館

最「有錢」博物館

地 燈湖東路 26 號

時 週二至日 09:30~18:00（17:00 停止入場）

休 週一

票 ￥60

交 地鐵廣佛線金融高新區站 B 出口步行 1.5 千米

🕐 建議遊覽時間：1 小時

這可能是我去過最「有錢」的博物館，因為幾乎所有館藏都是曾在市場上流通的貨幣，是貨真價實的「錢」。館藏涵蓋從元明古鈔、大清寶鈔，到民國時期的軍用票券、新中國時期的糧票及舊款人民幣等。

老實說如果你對金錢興趣不大，可能會覺得這個博物館略為沉悶。這裏絕大部分展品都是紙幣，只是在不同時代、不同銀行、不同歷史背景下印製。特別是自民國開始的紙幣，無論大小及設計都是大同小異，很容易令參觀者提不起興趣繼續觀展。

▼ 博物館也有想辦法讓展覽變得有趣。例如入場時每人會獲發白紙一張，在展覽開初講解貨幣歷史的環節，可以體會一下「印銀紙」的樂趣。

▼ 除了用來印刷的白紙，參觀者還會得到一份「打卡地圖」，上面標註了館內五十件珍寶，讓你不會錯過最值得看的展品。

◄ 印刷方法有兩種，其中「拓印」要先在石碑上塗滿油墨，鋪上紙張，再用墨撲輕輕拍打，就得到一張古代銀票了。

► 而用滾筒印章輕輕一滾，即可快速印好一張近代紙幣。

▼ 我印象最深刻是這張解放前夕由新疆省銀行印製的「60億元」紙幣！表面上讓普羅市民輕輕鬆鬆都做到「億萬富翁」，但實際上由於當時嚴重通貨膨脹，這張紙幣只夠買一盒火柴。

► 這裏展品數量豐富，每個仔細看的話可以看上大半天。不過有別於內地大部分博物館免費入場，這裏不但要收費，而且普通門票更高達¥60，真的有點貴。

閱讀家

三層高魔幻風巨型書架

地 海八東路 32 號南海天河城 2-4 樓

時 10:00~22:00

交 地鐵廣佛線金融高新區站 B 出口步行 260 米

建議遊覽時間：0.5 小時

一座由廣州及佛山兩地圖書館聯同廣州地鐵興建的網紅圖書館。雖然這裏地處佛山，但你可在這裏借閱或歸還廣州圖書館的圖書，完美地體現「廣佛同城」這個概念。不過對遊客來說，這種借閱上的便利意義不大，所以這裏更吸引我的是它的裝潢。

▲ 書架上設有兩條分別由 2 樓通往 3 樓及由 3 樓通往 4 樓的樓梯，增添魔幻感，也令圖書館變成適合閱讀和打卡的地方。網上甚至有不少人說這裏很像哈利波特的場景呢！

▲ 圖書館位處南海天河城商場的 2 至 4 樓中庭，其中一邊建了一個橫跨 3 層的超巨型書架，形成高達 16.2 米的書牆，現場的視覺效果十分震撼！

▶ 這個巨型書架同時兼顧了美觀與實際作用。因為圖書館面南方向是一整幅巨型落地玻璃，雖然增強了圖書館的採光度，但烈日當空的日子，或會令讀者感到不適，巨型書架剛好阻擋了猛烈的陽光。而中庭位置的巨型天幕，依然能提供十分舒適的閱讀光線。

▲ 如果你像我一樣黃昏時間來到，更可以透過落地玻璃看到美麗的鹹蛋黃呢！

鍾書閣

中國最美書店佛山分店

地 海八東路 18 號 A32 萬科里三樓

時 週一至四及日 10:00~22:00、
週五六 10:00~22:30

交 地鐵廣佛線金融高新區站 A 出
口步行 660 米

🕐 建議遊覽時間：1 小時

有到過深圳歡樂港灣的人，應該也聽過「鍾書閣」這個書店品牌。其獨特之處是於每個城市只會開設一家分店，並且會投放大量資源於裝修上，令每家店都很適合打卡。佛山分店開設在南海區的 A32 萬科里商場內，樓高兩層，總藏書量約 5 萬冊，是廣東省面積最大、藏書量最多的分店。

▼ 與下層入口處相鄰的中庭位置，有一條通往上層的白色樓梯。兩旁是橫跨兩層的書架，加上底部弧形的線條，從正面看很像一條時空隧道。

▼ 書店後方還有兩組共四條相互交錯的旋轉樓梯，令人有種時空錯亂的錯覺。

▲ 和其他分店一樣，這裏也保留了鍾書閣慣常使用的鏡面元素。書店以白色做主調，輔以黑色線條及白色燈帶做裝飾，加上鏡面地板及天花的反射，形成一望無盡的書海。

▲ 色彩斑斕的兒童閱讀區特別融入了嶺南文化元素，不但在書架上隱藏了意指舞龍與舞獅的龍獅圖案，椅和桌也是大鼓造型，十分可愛。

▼ 擁有大眼睛的舞獅書架，就連大人也會被它的萌意深深吸引！

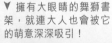

騎樂馬術
（佛山海逸小鎮俱樂部店）

巨型室內馬術場

地　寶石西路南海新經濟小鎮 E 室

時　09:00~21:00

電　+86 18316399401（須提前一天預約）

交　廣佛線千燈湖站，再打車約 9 分鐘

🕐 建議遊覽時間：1.5 小時

話說 2023 年剛通關的第二天，我帶了電視台記者到深圳一家開設在商場裏的室內馬術場「騎樂馬術」採訪。訪問播出後，由於在室內騎馬的體驗真的很新奇，有不少人都透過 Facebook 和 IG 私訊我，向我查詢這個馬術場的相關資料，想要一嚐騎乘的滋味。

▲ 這裏是參考國際標準場地而鋪設的專業訓練場地，佔地面積特別大，達到 3 萬平方呎，加上樓底高，在這裏騎乘更能體驗無拘無束，策馬奔騰的感覺。

◄ 當然這裏比戶外馬術場地更優勝的地方是設有冷氣，即使大熱天穿著完整的防護裝備，在這裏騎馬也是十分舒適。

其實騎樂馬術是內地一家大型馬術培訓機構，現時除了在深圳有 4 家門店，在內地多個城市亦設有不同定位的門店，位於佛山南海新經濟小鎮的海逸小鎮俱樂部店是較特別的一家。

➤▼◣ 除了單次體驗騎馬的樂趣，作為專業馬術訓練學校，你亦可以在任何一家騎樂馬術的門店報讀馬術培訓課程，並考取國際馬術證書。不過若你想提升證書等級，甚至是以參加奧運為目標的話，就需要來到環境及設備更為專業的佛山海逸小鎮俱樂部店了。

◀ 這裏除了可作訓練基地，更會不時舉辦各種等級及類型的比賽，例如廣東省的盛裝舞步及場地障礙賽。

夏漖糧園
喜文化創意基地

超多打卡位水鄉風情文創園區

地 新市直街 20 號

交 南海有軌電車夏東站 A1 出口，於深涌工業區乘桂 06 巴士至夏南一站，步行 200 米

🕐 建議遊覽時間：2 小時

一個由百年舊糧倉，連同附近多座不同時代及風格的舊建築物改建而成的文創園區。所在地夏南一社區是典型的嶺南水鄉，水道縱橫交錯，並設有多條不同造型的橋樑，到處都很適合拍照。

▼ 在園區內及周邊遊走，會看到一幅幅立體效果很強的巨型壁畫，質素甚高，是極佳的打卡點。

▲ 跟前文介紹的紫南旅遊區一樣，這裏同樣提供付費乘船遊覽園區的體驗。不過到訪當天部分河段異味較大，我不太推薦。

▶ 之所以稱為「喜文化創意基地」，是因為這裏設有南海區其中一個婚姻登記處，遊船碼頭旁的橋樑亦有個很浪漫的名字——紅線橋。

豆社咖啡

2023 年 7 月 OPEN

地 9 號倉　**時** 12:00~00:00

園區內有多間個性咖啡店，當中人氣最高的是豆社咖啡。共有兩層高，樓上不但具私隱度，裝飾也更為仔細，例如裝設了假壁爐、碎花窗簾、油畫等，充滿古雅氛圍。到訪當天天氣十分好，陽光透過窗戶投射到木桌上，如置身夢境一樣。

▼ 這裏最吸引人的是它的環境，美式復古的裝修風格，走廊上的黑膠唱片牆，加上揚聲器播放的爵士樂，就像走進上世紀荷李活電影的場景裏。

▼ 我更喜愛那個戶外小庭園，木地板、紅磚、藤椅，配上白牆上的十字架圖案，雖然不帶任何宗教意義，但仍能給予一種很安逸恬靜的感覺。

▲ 椰子糖（￥50）、拿鐵（￥30）、巴斯克芝士奶酪（￥28）
我不懂咖啡，就不花時間詳細介紹這裏的產品，只能説這些咖啡和蛋糕的包裝都跟店舖環境十分搭配，是絕佳的拍照道具。

桂城美食介紹

良友飲食店

地 南新四路 29 號　　時 11:00~13:30、17:00~19:30
交 地鐵廣佛線桂城站 B 出口步行 680 米

良友飲食店是一家有 30 多年歷史，專門吃啫啫煲的餐廳。不過想吃的話要早一點過來，除了因為它太受歡迎，門外經常大排長龍外，它的營業時間對於比較晚吃飯的香港人來説，實在太早關門了。所以我決定找一天早上不吃早餐，11 點來到，才能吃得到。

➤ 啫生竹腸（￥36）
這裏共有十多款啫啫煲，調味其實大同小異，都是加入大量芫荽、紫蘇、香葱、洋葱等香氣十足的配料，讓食材吸滿這些香料的味道。醬汁味道鹹鹹甜甜，鮮味香濃，帶點微辣，重點是有濃郁的焦香味，令人回味無窮！

◀ 啫牛肉（￥40）
這裏的肉類很新鮮，例如招牌的生腸及竹腸，口感爽脆，彈牙多汁；而比較多人推薦的牛肉，口感嫩滑，牛味超重！

蘇記餐廳（疊南店）

- 地 文華北路與疊窖路交口北 200 米
- 時 06:00~21:00
- 交 地鐵 3 號線亞藝公園站 C 出口，於亞洲藝術公園 B 站乘 G10 路巴士至茶基村巴士站，步行 300 米

雖然現時前往蘇記餐廳的交通不算方便，而且它離桂城其他景點有一定距離，但我仍是十分推薦大家特意過來試一試，因為這裏的出品真的讓我覺得很驚艷！

▲ 沙薑豬手（￥58）

單憑這碟沙薑豬手，已值得我給這家餐廳很高分數。坊間的沙薑豬手，通常都是簡單切開幾大塊就上菜，大部分都連着骨頭，吃的時候要吐骨，比較麻煩。這裏的是先去骨再切成薄片，啖啖肉，不但十分滿足，也讓豬手更能吸收醬汁香味。

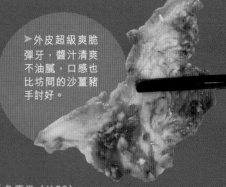

➤ 外皮超級爽脆彈牙，醬汁清爽不油膩，口感也比坊間的沙薑豬手討好。

▼ 魚青卷（￥38）

蘇記最招牌的菜品，是這道聲稱是獨創的魚青卷。用鯪魚肉及豬肉打到起膠，然後用魚滑包裹豬肉滑，捲成長條，切塊後再拿去蒸。口感彈牙，而且同時吃到鯪魚及豬肉的鮮味，挺有特色。

▲ 驢肉焗飯（￥55 / 小煲）

有不少本地人光顧蘇記的目的，是為了一嚐其他餐廳很少見的食材——驢肉。除了可以用來打邊爐，比較多人推薦的是驢肉焗飯，米飯上鋪滿驢肉肉碎，說實話肉切得比較碎，加上調味料下得重手，所以不太能吃出驢肉的味道，甚至覺得像在吃免治牛肉。

◄ 不過焗飯做得不錯，底下有很酥脆的飯焦，可以把它當成較高水準的免治牛肉焗飯。

小貼士

餐廳附近的疊滘村每年端午節均會上演龍舟飄移大賽，在狹窄的水道裏賽龍舟，更可看到「急剎」等令人嘆為觀止的絕技！喜愛觀看龍舟賽事的千萬不要錯過！

西樵山風景
名勝區

樂從

佛山地鐵3號線

佛山地鐵2號線

廣佛環線

陳村

廣州南站

廣台高速

北滘

廣珠西線高速

廣珠城際鐵路

順德站

廣佛高速

龍洲公路

廣佛江珠高速

倫教

碧桂路

廣州繞城高速

大良

高富路

杏壇

容桂

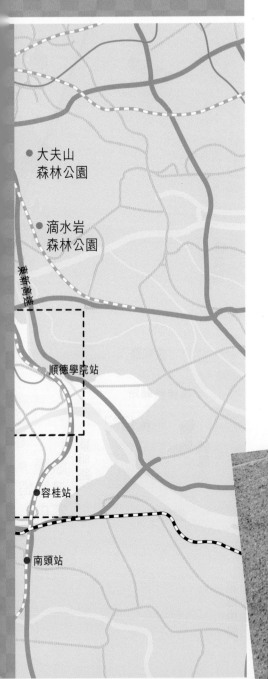

順德區

正所謂「食在廣州，廚出鳳城」，「鳳城」就是順德大良的舊稱，可見順德人對美食有多講究。順德亦是全國第二個「世界美食之都」，我的順德朋友也跟我說，在這裏你很難找到一家難吃的餐廳，因為出品稍為差一點也活不下去。寫完整篇順德篇，我也發現我胖了 5 公斤 XD！

由於眾多歷史原因，例如順德是「廣東四小虎」之首，也是廣東首個「省直管縣」等等，順德人普遍不太認同自己是佛山人，所以不要在這裏隨便說「我來到佛山」！

黃均記

②

樟村路

永寧路

園林路

壇衝大道

合成路

廣州地鐵

錦綉路

錦龍路

陳村百合商城

鎮西廣場

政和路

佛陳路輔路

黃但記

善濟北路

錦龍路

景明路

順聯溫德姆德酒店

繽紛路

景成路

陳村公園

北滘

善濟中路

花鄉中路

❶ 陳村漁人碼頭千禧坊 ❷ 黃但記陳村粉食府 ❸ 公交飯店

新墟小學

③

安寧路

新苑西路

劍林公園

萬州
烤魚

佛陳路

南邊路

安寧西路

民族路

南方醫科大學
順德醫院
附屬陳村醫院

D

佛陳路

C

錦龍站

A

海港中心

B

南僑
飯店

維也納
酒店

迎發路

陳村大橋

①

北滘市民
活動中心

順德北滘
文化中心

翠影路

天寧路

誠德路

綠洲路

佛山地鐵3號線

人宣路

北滘商業
廣場

悅然廣場

居仁街

北滘
公園

北滘國際
財富中心

悅然里

C

北滘公園站

B2

D

B1

A2

A1

順德區第三
人民醫院

順德北滘中學

怡福路

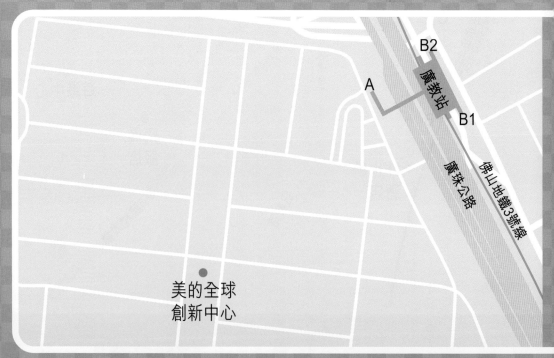

B2

A

廣教站

B1

佛山地鐵3號線

廣珠公路

美的全球
創新中心

④ 順德 ALSO ⑤ 和美術館 ⑥ 蝦炳飯店

美的總部
大樓

④

怡和路

⑤

怡興路

盈峰
豐明中心

雄峰
集團

廣珠公路

A

美的站

C

B2

B1

林頭
小學

二聖廟

強記
豬腳飯

佛山維珍公寓

西洲街前

美的
廣夏花園

⑥

倫教站

大福
廣場

⑩ 鄧家莊

鳴石花園

品香
排骨飯　清海公園　倫教小學
（分校區）

寧新路

羊額雄記
燒鵝店

東華
農莊

倫常南路

培教
小學

銀海
新村

倫桂路

麗港
豪園

鄭何義夫人
紀念醫院

⑧

匯聚實驗
學校

南苑西路

品峰薈

仕版奮場學校

至愛比薩

倫教碧桂園·
御府

鄉村
小廚

新成路

龍洲公路

⑦ 倫教漁人碼頭 C 立方 ⑧ 糧苑 ⑨ 天意莨園 ⑩ 龍田龜苓膏文化體驗館

倫教
展覽館

華南
機械城

新華宴

廣珠公路

粵來粵順
私房菜

荔村
環保公園

合成路

五谷漁粉

羊大路 　A　荔村站　B　佛山地鐵3號線
　　　　　C

南苑中路

景湖
公園

倫教中學

7

萬科星都薈

倫教
廣場

保利中央公園

龍基
豪庭

龍洲東路

倫教碧桂園·
瓏灣苑

香雲紗博物館
（建設中）

9

廣州繞城高速

廣進國際
商業中心

陳村漁人碼頭
千禧坊

造紙廠活化成文創園區

地 陳村新欄路 78 號

交 廣州地鐵 7 號線錦龍站 B 口步行 920 米

🕐 建議遊覽時間：1 小時

▼ 千禧坊計劃分三期活化，現時已完成首兩期。第一期前身為陳村造紙廠，最觸目的打卡位是廣場正中央，約高 5 層的煙囪。

順德是廣東著名工業重地，不過隨着部分產業式微，有些廠房已被丟空多年。與佛山其他區域一樣，順德近年亦致力將這些空置廠房活化成一個個文創園區。雖然部分文創園區面積不大，但各有特色，位於陳村的千禧坊是其中一個。

➤ 一期大部分商戶皆是設計師工作坊，名氣最大的是這家兩層高的 Max Marry，據說是嶺南地區最大的婚紗店，吸引不少周邊城市的準新娘過來租借婚紗及禮服。

SUIT LANES

在 Max Marry 對面正好是一家新派西裝純手工訂造店 SUIT LANES，方便準新郎一條龍訂造西裝。以師傅純手工訂造的西裝來説，這裏的價格比較親民，所以有不少人特意過來光顧。

➤ 記得我第一次來千禧坊的時候，這裏還沒甚麼人氣，整個園區下午就只有這家店營業。我厚着臉皮走進去，八卦問一下千禧坊有甚麼賣點。老闆娘明知道我是「白撞」的，卻仍然很熱情招待我。後來因為我有訂造高級西裝的需要，立即就想起這家店。根據老闆娘介紹，這裏選用市面上質素較好的布料，價格則視乎產地而定，一套內地布料手工訂造西裝最便宜約為 ¥3000 至 ¥4000。

GINGER COFF
執着咖啡（陳村油罐工廠店）

地 千禧坊內油罐工廠　　**時** 11:00~22:00

千禧坊二期是把 4 個以往用來儲存石油的巨型油罐改建成「油罐公園」，2024 年年初已成功租出其中一個油罐。租客是順德近年最紅的咖啡店品牌之一 GINGER COFF 執着咖啡，在順德有多家分店。除了陳村店，後文亦會介紹位於倫教糧苑的分店。

▲ 店內會播放時下的流行歌曲，包括香港歌手的作品。由於油罐的獨特結構，回音效果特別好，聽歌時甚至有種在演唱會現場的錯覺。不過想體驗的話最好早點過來，因為下午顧客越來越多，回音效果會令咖啡店變得十分嘈吵，談話聲會完全蓋過音樂。由於篇幅所限，這裏的咖啡留待糧苑分店才跟大家介紹。

▼ 千禧坊依河涌而建，這裏設有戶外河畔座位，不過糧苑分店體驗會更好。

▲ 執着咖啡除了保留油罐外觀，以前工人維修用的梯子也有大幅改造。沿着內壁建了數個小平台，每個平台均設有大窗台，可以欣賞不同方向的景觀。

the HOME

地 千禧坊 P1 停車場內右側

時 週二至日 13:30~00:00

休 週一

在執着咖啡還未開業前，the HOME 是千禧坊最人氣的咖啡店。由瓦頂舊車庫改建而成，配上白色瓷磚牆身，充滿簡約鄉村風。

▼ 店內也儼如老闆的小型博物館，擺放了不少私人珍藏品，例如黑膠唱碟、潮流玩物及貼紙等。

▲ 由於老闆很喜愛電單車，加上店前有一片適合停放電單車的大空地，自然吸引不少車友經常光顧，順道炫耀他們的愛驅，有種走進 GTA 世界的感覺。

▲ 這些擺設加上居家風格的傢具，令人有種很溫馨的感覺。

陳村美食

黃但記 陳村粉食府

地 陳村橋南路 1、2 號舖

時 06:30~15:00、17:00~20:30

交 廣州地鐵 7 號線錦龍站 D 口，轉乘 352 路巴士至陳村社區衛生服務中心站

順德不少鄉鎮都有具代表性的美食，例如陳村的陳村粉。而陳村最著名的陳村粉食府品牌有兩個——黃但記及黃均記。據說兩間品牌本是一家人，後來因理念不合而分家，所以它們不但名字相近，總店距離也只相隔約 100 米。有住在陳村的朋友跟我說，陳村人覺得黃但記廚藝好，而黃均記則是陳村粉的質素好，因此本地人都喜歡買黃均記的粉回家自己煮。不過我通常會選擇黃但記，因為它的總店環境遠遠比黃均記好。

牛腩蒸陳村粉（￥25）
來過陳村，吃過正宗的陳村粉，就會發現我們平時在香港吃到的根本不能叫做「陳村粉」。真正的陳村粉不但薄得像輕紗，而且極度爽滑彈牙，絕對會令你吃上癮！

小貼士

黃均記在順德有 4 間分店，包括後文介紹的歡樂海岸店，不過我以往吃過覺得水準一般。而黃但記在附近地鐵錦龍站也有分店，不過定位較高檔，價格比較高，我會更推薦大家到總店吃。

鰻魚壽司陳村粉卷（￥42）
黃但記還有不少創新的陳村粉料理，甚至有壽司造型的陳村粉呢！不過我覺得傳統做法的陳村粉更能突顯其獨特的口感。

公交飯店已有 40 多年歷史，由於餐廳面積夠大，而且出品不錯，據說是陳村人舉行重要宴會的場地之一，當然散客也可以光顧品嚐。

公交飯店

地 陳村安寧西路新圩中山公園路 1 號
時 07:00~14:00、17:30~21:00
交 廣州地鐵 7 號線錦龍站 D 出口步行 730 米

金獎咕嚕肉（￥48）
招牌菜咕嚕肉，叫它「咕嚕肥肉」會更貼切，因為每件咕嚕肉都只用上肥肉部位，做成外面超級酥脆，裏面的肥肉幾乎全溶化的獨特口感。一咬下去有少許爆汁的效果，然後滿嘴都是超濃的豬油香氣，十分邪惡！不過這道菜也很容易膩，所以吃三四件我都覺得夠了。

黃金番茄（￥42）
用釀入了鹹蛋黃的番茄，油炸後再淋上酸甜醬汁。是另一道很重口味，但真心味道不錯，很開胃的菜式。

缽仔骨（￥56）
排骨底下墊了大量欖角，
令每塊排骨都吸滿欖角的
香味，加上嫩滑有肉汁、
甜甜的排骨，同樣令人食
指大動。

秘汁熱撈陳村粉（￥29）
整頓飯唯一令我失望的是這道撈陳村
粉，主因陳村粉的質素比我在黃但記吃到的差太多。雖然同樣又薄又滑，但明顯不夠爽口彈牙，口感偏軟，證明想吃好吃的陳村粉還是要到專門店比較好。

2023 年 4 月 OPEN

順德 ALSO

青年聚腳地、新晉潮流地標

地 北滘怡和路 6 號 ALSO

時 10:00~22:00

交 廣州地鐵 7 號線美的站 A 出口步行 710 米

🕐 建議遊覽時間：4 小時

前文介紹廣州地鐵 7 號線時有提及著名電器製造商美的是在北滘起家，所以美的近年也大力投資北滘的房地產事業，在其總部周邊有多個旗下新落成的物業，涵蓋住宅、寫字樓、酒店等，當中最特別的是總部旁的 ALSO 商場。

曾有順德人跟我說，美的之所以在其總部旁興建此中高檔次商場，是希望旗下追求生活質素的年青員工，下班後能有消遣的地方，因此商場的定位也是與眾不同。ALSO 是一個注重藝術及文化的全露天商場，進駐的商戶大多是名不經傳的特色小店，有耳目一新的感覺。

這裏亦設有 Livehouse，不過表演場次十分疏落，一星期只有一至兩場且沒有規律可言，所以我多次到訪均完美地錯過。有興趣觀賞音樂表演的話，建議可先留意 ALSOLIVE 公眾號了解演出時間表。

▲ 這裏有不少售賣文創精品的店舖，很適合文青閒逛。

單向空間 OWSPACE

地　ALSO 1 至 2 層 F101、102、201、204 舖
時　10:00~22:00

單向空間是來自北京的書店。創始人是內地知名作家，最初只是朋友聚會的場所，後來才慢慢發展成對外營業的書店，更在 2023 年暑假於日本東京銀座開設分店。

➤ 除了售賣親筆簽名本，書店也有售賣像「局外人空間」的書本盲盒，不過形式有點不一樣。單向空間開宗明義把這些書設為「滯銷榜」，所有盲盒價錢劃一，讓每本賣得不好的書也有相同機會給讀者帶走。

▼ 正因老闆是一位作家，深感寫書是不容易的事，初出茅廬的作者更是很難吸引讀者購買其作品，所以單向空間不但會協助這些作者出版書籍，更想出連串辦法宣傳這些好書。

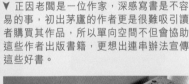

◀ 話說那天我跟店員聊天時，也有提及我正在寫佛山旅遊書，然後她就順勢問我有沒有興趣放幾本在這裏寄賣。由於我在內地知名度甚低，為免此書墮入滯銷榜的尷尬情況，只好婉拒她的好意。

▼ 由於單向空間就在和美術館正對面，這裏也售賣不少與美術館相關的建築及藝術類書籍。逛完美術館，如果想深入了解背後的故事，可以順道過來看看。

➤ 單向空間很重視社會責任，例如當天就看到店內一角售賣由肢體障礙人士製作的織織袋。

ampm 全日營

地　ALSO 青春 +A 棟 1 層 102 號舖

時　週一至四 11:00~22:00
　　週五至日 11:00~23:00

我在《深圳旅遊新情報》有介紹過「ampm 全日營」這個品牌，其深圳分店是兼賣咖啡的露營用品店。而佛山店不但比深圳店大很多，體驗也更為豐富，是結合露營用品店、輕食餐廳與露天酒吧的商店。

▼ 售賣露營用品的部分不算大，但商品都屬高質素而且有設計感，我甚至覺得部分可以放在家中日常使用。

▲ 為符合露營主題，除了露天酒吧是時下最流行的露營風酒吧外，室內的桌椅亦用上這裏有售、可供露營使用的摺疊桌椅。

◀ 這裏連菜品也是用露營餐具盛載，甚至有提供可愛的露營便當呢！顧客可以在購買餐具前，先在這裏用餐，順便試試餐具的質素。

三克映畫 麗畫餐廳

地 ALSO 2 層 E202、203 號舖

時 週一至四 10:00~23:00
　　週五至日 10:00~00:00

三克映畫既是一家餐廳，也是一家戲院，可以邊吃飯邊看電影。總共有三個影廳，當中最受歡迎的是火鍋廳，除了有雙人梳化座位，還可以享用打邊爐。

➤ 火鍋之所以受歡迎，除了因為有趣，也是這裏最便宜的正餐選擇。要享受這個體驗，首先你需要單獨購買戲票，然後提前半小時到場點菜。這樣店員就能在電影放映前將菜品送到你面前，不會在中途才送達，影響觀影體驗。

▲ 如此獨特的體驗，價格以順德的物價來說也真的不便宜。單是兩張戲票已經要￥210，比傳統戲院都要貴，而且是在熒幕比較小的影廳放映。

➤ 這個不含飲品的雙人小火鍋套餐也要￥228，即是說要邊打邊爐邊睇戲，入場費至少要￥438！以北滘物價來說絕對是高消費。幸好這裏的食材比較新鮮，味道不錯，加上在戲院裏吃飯的體驗真的很獨特，很適合閨蜜、情侶或夫婦。

和美術館

地 北滘新城美和路 6 號

時 10:00~18:00（17:30 停止入場）

費 成人票￥150、雙人票￥245

交 廣州地鐵 7 號線美的站 A 口步行 100 米

🕐 建議遊覽時間：2 小時

ALSO 正對面的和美術館，是由日本著名建築師安藤忠雄設計的非營利民營美術館。

▲ 安藤忠雄又被稱為「清水混凝土詩人」，所以美術館內部多以清水混凝土，輔以簡單幾何圖案及光影來呈現美感。當中最矚目的是位於美術館正中央的雙螺旋中庭樓梯，無論從何角度，都能輕鬆拍出「呃 like」照片！

▶ 水池中的金屬樹形雕塑也是很受歡迎的打卡位。

▲ 進入和美術館大門前，會先經過一條直通主建築的「水之徑」——鏡面水池上的筆直石板路。主建築外觀像是 4 個圓餅重疊而成，據說是以中國傳統文化「天圓地方」為設計靈感。

▶ 除了好幾個打卡點，還可以參觀國際著名藝術家的期間限定展覽。不過美術館需要付費入場，而且並不便宜，每人要￥150。

小貼士

到底值不值得入內參觀，我覺得要視乎當時舉辦的展覽對你來說是否吸引。若你對這些展覽不甚了解，或覺得作品「不是我杯茶」，如果只在裏面打打卡，就有點偏貴。所以我建議還是留待舉辦你感興趣的展覽才進去。

北滘美食介紹

蝦炳飯店

地 北滘三樂路雅都賓館旁

時 11:00–14:00、17:00–21:00

交 佛山地鐵 3 號線廣教站 B1 口步
行 280 米

來吃蝦炳飯店，埋單時千萬不要給價格嚇到！因為我這次又點燒鵝又點海鱔，這兩樣我印象中都是很貴的美食，加起來居然只要￥137！

燒鵝（例￥52）

順德的燒鵝大多很便宜，而且各家均有各自的特色。蝦炳飯店的例牌只要￥52，特色是肉汁豐盈，即使是鵝胸也很嫩滑，說是我暫時吃過最滑的燒鵝也不為過。

蝦炳採用煎焗做法來烹調，每一塊鱔魚都能做到外面微微酥脆，肉汁緊鎖在裏面，口感超級彈牙，滿嘴都是很鮮甜的鱔魚味道。

煎焗海鱔（￥85）

有位香港著名美食家說過粵菜中的鱔，即是日本菜的鰻魚。其實我們在日本吃到的廉價鰻魚，大多是從內地進口，而順德正是其中一個「中國鰻魚之鄉」，在這裏吃鰻魚或鱔魚，絕對比在日本吃的更新鮮更便宜！

馬拉糕（￥18）

絕對是我吃過最好吃的馬拉糕！口感鬆軟，雞蛋、豬油和黑糖焦香味也是極濃，讓人想一吃再吃！唯一缺點是分量太大，要多找幾個人一同分享。

2022 年 1 月 OPEN

倫教漁人碼頭 C 立方

絲織廠活化成美食城

地 倫教倫宣路 4 號

時 建議遊覽時間：1 小時

前身是絲織廠和輕工機械廠。園區內除保留不少舊廠房的標飾，例如牌坊、招牌等之外，亦有不少絲織裝飾元素貫穿整個園區。

▲ 現時這裏已成為倫教一座美食城，除了有一些網紅中高檔餐飲，也有本地的人氣小店在這裏開分店。

▲ 這裏也有前文介紹過的兔先生塗鴉作品——Talyor Swift 和 IU。

牛能私房菜

地 B 區二樓 201-204 室

時 11:00~21:30

牛能私房菜是倫教一家十分著名，而且深受牛魔王喜愛的餐廳，主打各部位的清湯牛肉火鍋。自從 C 立方分店開業後，其總店一直在裝修中，所以想品嚐的話就只能來到新分店。

▼ 牛尾（￥100 / 斤）
我建議多找幾個朋友來吃，因為這裏的牛肉都是按斤出售，分量驚人！最招牌的是牛尾，除了常見比較靠近尖端的小塊牛尾，還有靠近屁股比較大塊的，啖啖肉更滿足。不過外皮稍微有點韌，像較硬的橡皮糖。

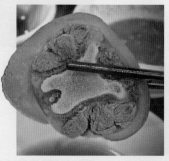

▲ 牛脹（￥80 / 斤）
牛脹也是比較推介的部位，但我覺得牛肉味道略淡了點。

▶ 不過牛能的精隨並不是牛肉，而是湯底和醬料。其中深褐色的湯底充滿藥材以及牛肉味道，喝完會有種很滋補的感覺。

◀ 這裏的醬料一共有四款，沙嗲、黑椒、咖喱和辣椒醬，並加入牛肉粒一起熬煮，不但香料味道十分突出，也帶有超濃牛肉鮮味，我甚至覺得比直接吃牛肉更濃味一點呢！

2023 年 10 月 OPEN

糧苑

河畔舊糧倉活化成文青熱點

地 倫教水口新路 45 號

時 建議遊覽時間：1 小時

距離漁人碼頭 C 立方約 5 分鐘路程，位處倫教大涌邊的糧苑，前身是倫教新民糧食倉庫，始建於上世紀 60 年代。我於 2023 年年末到訪時，可能是由於景點落成不久，只有兩家餐飲店進駐。不過這裏加建的部分，是用上時下內地高級餐廳及酒店均十分喜愛的**現代中式簡約庭園設計**，更貼合近年流行的審美觀。

➤ 竹子、流水、石板路、圓筒型糧倉，所有東西都很協調。雖然我到訪那天天氣不佳，但下着微雨反而更顯清幽雅致。

FEI PATISSERIE

時 週二至日 11:30~19:00

主打法式甜品的餐廳，卻用上東方茶室的裝修風格，與周邊建築互相呼應，有種很恬靜的感覺。

➤ 京都焙茶聖多諾黑（￥44）
這裏的甜品價格幾乎趕上香港物價，不過大多十分精緻。例如這個甜品用上 5 個蓋上凝固焦糖的泡芙，連同焙茶忌廉及拿破崙組成。焙茶忌廉不但十分輕盈順滑，焙茶香味亦十分濃郁，絕對是一分錢一分貨。

GINGER COFF
執着好豆（倫教烘培工廠店）

時 10:30~18:30

在糧苑更受歡迎的是這家我在千禧坊也有簡單介紹的 GINGER COFF。此店跟千禧坊店的主要分別是店面較大，位置較多，更擺放了烘培咖啡豆的機器，據說這裏供應的部分咖啡正是用這部機器自家烘培的。

➤ 裝修以黑白灰作主調，走簡約水泥工業風，不少桌椅均是由水泥製成。

◀ **Combo（￥38）**
既然店名叫「執着好豆」，選用的咖啡豆自然講究。總共有 6 款風味可供選擇，比較受歡迎的是曾獲全國總冠軍、雲南產的雲南普洱紅果，味道偏酸帶果香味。想仔細品嚐這種咖啡豆可以點 Combo，包含 Latte 和 Americano 各一小杯，可同時享用兩種風味。

▲ 不過這家分店更吸引我的是面向河涌的戶外座位。由於河岸並未設置高聳的圍欄阻擋視線，食客可以優哉游哉地坐在最貼近河畔的位置，飽覽河涌景色。幾乎零距離及隔膜的親水體驗絕對是此門店最大賣點，從某些角度看，甚至有種置身水中的感覺呢！

➤ **Art Latte 冠軍藝術拿鐵（￥31）**
據說店長曾奪全國拉花比賽冠軍，因此這裏也有供應數款造型十分精巧的拉花拿鐵。除了有讓店長奪冠的這款「小天使」，還有龍、熊貓、飛馬等，打卡效果很不錯。

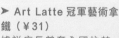

➤ **Eisbock 冰博克（￥31）**
冰博克是內地咖啡店近年很流行的咖啡，用上以特殊解凍技術生產的濃縮牛奶，奶香味會更純厚。配搭建議的黃油曲奇風味咖啡豆，牛油香味更突出，即使不愛咖啡的我也覺得很好喝。

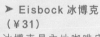

天意莨園

香雲紗展館及網紅打卡地

地 龍洲路南 9 號

時 週一至六 09:30~18:00

時間 建議遊覽時間：1 小時

「香雲紗」又名「莨綢」，是一種全手工製作，用薯莨的汁液及順德當地河涌塘泥加工的紗綢，據説夏天穿着特別涼快，屬國家級非物質文化遺產之一，但由於工序十分複雜，曾面臨失傳危機。

據天意莨園的介紹，後來服裝設計師梁子利用香雲紗設計服裝，並創立時裝品牌「天意 TANGY」，成功將此類服裝打入國際市場。天意現時在全國多個城市，包括深圳均設分店，而天意莨園則是梁子為推廣品牌而設的美學空間。

► 大門旁還有一塊名為「曬莨坊」的空地，顧名思義就是晾曬香雲紗的地方。不過到訪當天天氣不佳無法曬莨，只看到一片綠油油的草地。

天意莨園是一座輕鋼結構建築物，由英國著名建築設計師 Thomas Heatherwick 設計。其外形像斷開了的工業廠棚，也像一塊掰開的薯莨。中間「斷裂」的立面由多個磚紅色方形盒字組成，置身其中，有點像走進電子遊戲 Minecraft 的峽谷場景。

▲「斷裂」處亦將天意莨園分為兩部分，較大的部分主要用作展覽用途，講解香雲紗的製作方法。較小的部分則是天意門店，走高檔路線，一件香雲紗服裝售價由一千多至數千元不等。由於門店不准拍攝，加上貨品與深圳門店分別不大，這裏就不作詳細介紹。

➤ 這些像化石的球狀物體就是用來製作香雲紗的薯莨。

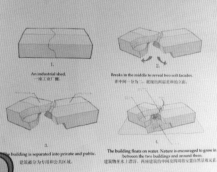

◄ 亦有講解天意莨園的設計理念。

▲ 部分以香雲紗設計的服裝。

▼ 這裏擺放了數個大型香雲紗裝置藝術，均是很受歡迎的打卡位。

**2023 年 3 月
OPEN**

龍田龜苓膏
文化體驗館

龜苓膏展館及創新茶飲店

地 倫教羊額忠靈直街 9 號

時 週二至五 09:00~12:00、
13:30~17:30，週末及假日
09:00~17:30

休 週一

費 免費入場

🕐 建議遊覽時間：0.5 小時

一間以古宅活化而成，由倫教老字號龜苓膏品牌龍田牌創立的龜苓膏展館，主要介紹龜苓膏起源、在倫教的發展、成分及製作方法等。展館面積不大，約 15 至 20 分鐘即可逛完。

▼ 超巨型龜殼標本。

▼ 而且無論是體驗館或是茶飲店，居然都沒有售賣新鮮龜苓膏，只有這些工廠預製品，對平時可以輕鬆吃到新鮮龜苓膏的港人來說吸引力較小。

▲ 體驗館旁設有一家名為「拒絕熱氣」的茶飲店，主要售賣加入了龜苓膏或龜苓水的飲品。

▲ 我試過其中兩款，藥材味道很淡，更被其他成分的味道掩蓋了，整體跟坊間的涼粉或燒仙草分別不大。

▲ 還好茶飲店開在小溪畔旁，在這裏喝杯飲料，有種很寫意的感覺；加上店家在舊建築上加入不少貼合現代潮流的設計元素，打卡效果很不錯。

▲ 另外茶飲店旁有一條樓梯，可以爬上搭建在體驗館天台上的觀景台，俯瞰羊額村其餘數間嶺南特色青磚瓦房古宅。

附近景點

鳴石花園

地 倫教羊額大道 A43 號之 1 附近
時 週二至日 09:00~17:00
休 週一

博物館斜對面是始建於清光緒年間、有 130 多年歷史，順德珠寶富商何鳴石的私人住宅鳴石花園。據說是一座中西結合的花園洋房，處處充滿古典美感。

➤ 不過到訪當天雖然是開放時間，卻是重門深鎖，我在網上也見不少人反映遇上相同情況。但澳門人 Yoliving Leo 哥於 2023 年年底到訪時則能順利進入，並遇到一位熱心建議打卡動作及拍攝角度的工作人員，似乎想進去參觀要看看運氣啦！

品香排骨飯

地 倫教羊觀大道 1 號　**時** 07:30~14:00、17:00~20:30

逛完龜苓膏體驗館，還可以順道吃附近兩家著名老字號餐廳，其中一家是有 40 多年歷史的品香排骨飯。話説我第一次來的時候也很疑惑到底有沒有這家餐廳，因為雖然招牌掛着「品香」二字，但店內完全是鄉鎮民居的裝潢，也沒看到任何員工。好奇心驅使下我鼓起勇氣走上樓梯，才發現原來樓上別有洞天，是一家隱世的私房茶居。

▶ 這裏的下單方式很特別，有點像以前香港的「推車仔」茶樓。阿姨會捧着大蒸籠，裏面放着剛蒸好的排骨和其他點心，然後走到每一桌詢問客人想吃甚麼。

▲ 排骨飯（￥9）
最招牌的當然是排骨啦！除了可以點 ￥10 的淨排骨，還有更便宜的排骨飯。簡單的調味，比較能吃到新鮮排骨的原汁原味，小小一碗分量不大，我覺得可以一口氣吃 3 碗。

▶ 其他點心（各 ￥10）
味道不算出眾，勝在價格很便宜。

羊額雄記燒鵝店

地 羊額大道 31 號
時 07:30~12:30、15:30~19:30

另一家是羊額燒鵝，據説早在明末清初已享負盛名，不過老實説我試吃過卻覺得不算出眾。

➤ **燒鵝（￥50 / 斤）**
雖然如此，但價格低得驚人，一斤 50 元，這盒下莊只要 55 元！比香港的燒鴨還要便宜！

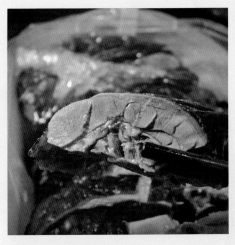

▼ 想光顧的話請留意，品香對面掛着巨型羊額燒鵝的店舖其實是辦公室，真正賣燒鵝的店需要向南走約 7 至 8 個舖位，而且純做外賣，不設座位，我是買完後帶到品香與排骨飯一起品嚐。

小貼士

內地餐廳大都不介意客人外帶食品，部分不允許的餐廳會在當眼處張貼相關告示，你亦可在用餐前先問一下店員。另外建議大家享用完後，自行帶走外來垃圾。

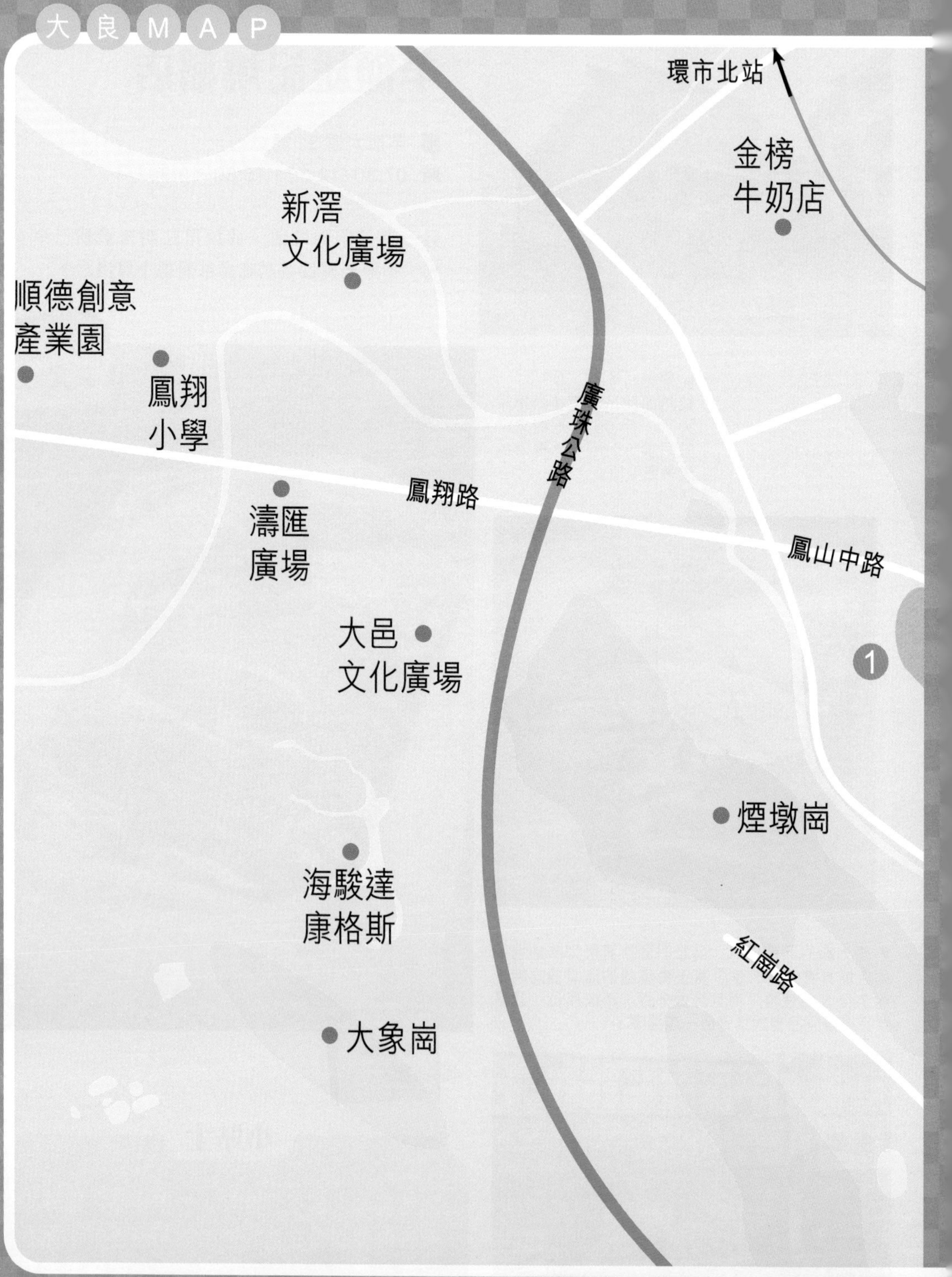

大良MAP
環市北站
金榜
牛奶店
新滘
文化廣場
順德創意
產業園
鳳翔
小學
廣珠公路
鳳翔路
濤匯
廣場
鳳山中路
大邑
文化廣場
1
煙墩崗
海駿達
康格斯
紅崗路
大象崗

❶ 金榜牛乳文化展示館

新桂北路

丹桂路

環市北路

碧溪路

雲良路

華生行

鳳嶺公園

大良鐘樓站 B

鐘樓公園

玉虛宮

東樂花園

E A

順德
體育中心

細妹五香
牛雜

李兆基
中學

華蓋山

仁信

清暉園

佛山地鐵3號線 C

B

東樂路站

民信

大潤

D

A

李禧記

苔蘚

輝哥 天主堂

大良交通

鐵路	廣州南站	廣州地鐵 7 號線 →	北滘公園站	佛山地鐵 3 號線 →	大良鐘樓站

廣珠城軌 ....➤ 順德學院站 / 順德站

船 九龍中港碼頭 .... 約 2 小時 ....➤ 順德港

大▪良▪M▪A▪P

清暉園

東樂路站
佛山地鐵3號線

駒榮北路站

新桂南路

順德站
順德第一中學

南國東路

吖嗹
私房菜

②

順德汽車
客運總站

南屏路

順峰山
公園

華桂路

豬腰
世家

環市南路

南記海鮮
友口福

豬腰
世家

南翔路

寶林路

佛山市
順德區
人民政府

順峰山

順珠公路

仙泉酒店

德勝西路

祥和路

史努比
繽紛世界

順德
漁村

興順路

② DeHaus ③ 順德歡樂海岸 Plus

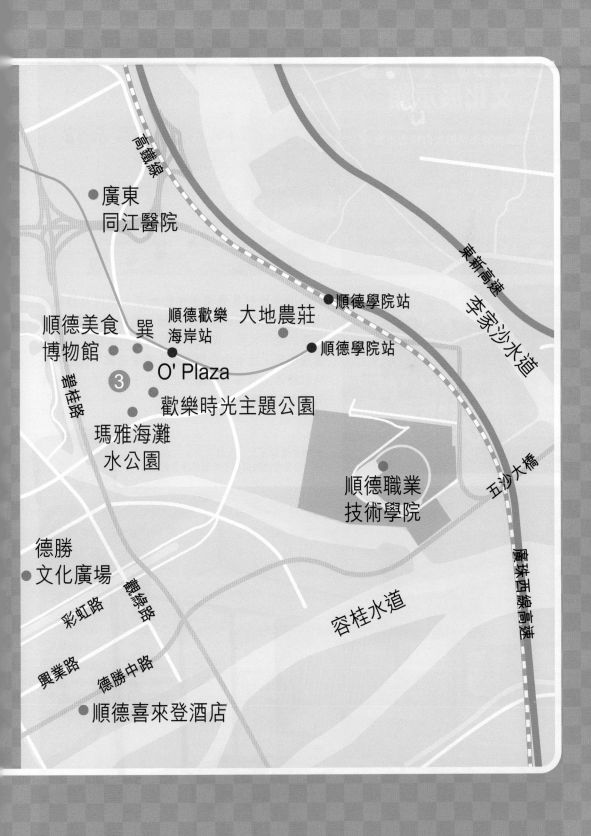

金榜牛乳
文化展示館

認識快將失傳的大良特色小食

地 金榜上街 80 號

交 地鐵 3 號線大良鐘樓站 E 出口
步行 1 千米

費 免費參觀

🕐 建議遊覽時間：0.5 小時

古時的金榜村是養殖水牛的地方。村民為提高收入，將水牛所產的水牛奶用鹽及醋加工，製成易於保存的鹹牛乳片，即與雙皮奶齊名的大良小吃——金榜牛乳。近年由於順德禁止養牛政策，加上牛乳只能純手工製作，而製作工序亦十分辛苦，金榜牛乳面臨失傳風險。

▼ 雖然展館不大，兩層加起來只有一千多呎，但會令你對這種小吃有更深入的了解。

為保育這道小吃，讓更多人認識金榜牛乳，金榜村開設了這家小小的展示館，講述傳承這道工藝所面臨的困難。

◄ 門口旁的木櫃展示了金榜各家牛乳店的牛乳玻璃罐。

► 當然也有介紹牛乳的製作步驟。

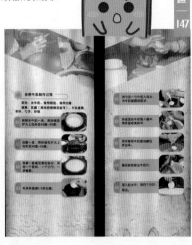

◄▲ 牛乳的口感其實跟西餐中同樣是用水牛奶製作的水牛芝士十分相似，不過鹹度遠遠高得多，我甚至覺得比腐乳還要鹹一點。始終每個人口味不同，老實說我認為牛乳鹹得有點過頭，但我身邊也有些朋友超愛它，覺得用來送粥剛剛好。

金榜上街特色小吃

◄ 幾乎每家小吃店都有內地知名網紅到訪過，而商家為吸引網紅粉絲光顧，紛紛在門外當眼處張貼網紅的照片。

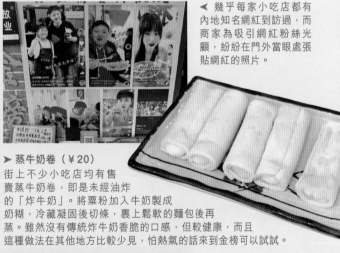

► 蒸牛奶卷（¥20）
街上不少小吃店均有售賣蒸牛奶卷，即是未經油炸的「炸牛奶」。將粟粉加入牛奶製成奶糊，冷藏凝固後切條，裏上鬆軟的麵包後再蒸。雖然沒有傳統炸牛奶香脆的口感，但較健康，而且這種做法在其他地方比較少見，怕熱氣的話來到金榜可以試試。

▲ 由於金榜村近年大力發展旅遊業，主要街道金榜上街已演變成人氣旺盛的網紅小吃街。除了來金榜必買的牛乳，這裏也有賣各種順德特色小吃，是大良一個適合「掃街」的地方。

◄ 甜牛乳三皮奶（¥14）
所謂的「三皮奶」其實是在雙皮奶上放上一塊甜味的牛乳，由街上一家名為「乳眾不同」的牛乳店所創。

清暉園 / 華蓋路 邊逛邊吃

清暉園

地 大良清暉路 23 號
時 09:00~17:30（17:00 停止入場）
費 微信公眾號或現金購票，成人￥15、小童￥7
交 地鐵 3 號線大良鐘樓站 E 出口步行 450 米

清暉園為始建於明代的嶺南園林建築，與前文介紹過、位於禪城區的梁園同屬廣東四大名園之一，原為明末狀元黃士俊的黃氏花園。

➤ 園林空間感雖然沒有梁園廣闊，而且遊客更多，收費也較貴，但整體感覺更古雅。

▼ 可供「探險」的巨型假山，廣受遊客歡迎。

➤ 清暉園附近的華蓋路步行街是不少旅行團必到的景點，不過檔次定位較低，跟內地各城市同檔次的步行街例如深圳東門十分類似，我覺得對港人來説吸引力不大。

◀ 不過附近聚集了頗多名氣較大的順德特色小吃商戶。不考慮性價比的話，這裏是大良一個「掃街」的好地方。

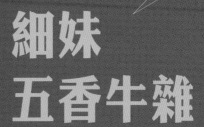

細妹五香牛雜

地 馬地巷 2 號新基孵化園 1 樓 2 號
時 11:00~22:00

華蓋路一帶有多間專賣牛雜的小吃店，細妹是我吃過，也是名氣較大的其中一家。本來它是在清暉園大門旁開店的，不過在 2023 年年底搬遷到華蓋路人流較少的橫街上，雖然生意明顯淡靜了很多，但環境變得更乾淨企理。

▲ 牛雜
（￥30 / 小份）
這裏的牛雜有分大中小份，小份是用紙製飯盒盛載，看起來非常澎湃！不過其實並非整個飯盒都是牛雜，底下還有不少蘿蔔、豆卜、麵筋和魚蛋。味道跟香港的牛雜差不多，五香味很濃郁。比較特別的是配搭的醬料不是香港常見的甜醬和黃芥末，而是有點像泰式辣醬的酸甜辣醬。

▲ 相對於牛雜，我更喜歡這裏的麵筋，完全吸滿帶牛雜及五香味的湯汁，讓人欲罷不能！

仁信老舖

地 華蓋路 93 號　時 10:30~23:00

◀ 低糖雙皮奶
（￥13）
奶及蛋白香味不算淡，如果不講究一定要吃到順德最好吃的雙皮奶，其實仁信算是不錯的選擇。

除了民信，華蓋路上的仁信老舖總店也有賣低糖版本的雙皮奶，雖然價格較貴，而且我覺得還是偏甜了一點，不過分量跟坊間的差不多，比民信的大碗，當然重點是好吃得多！

民信老舖
（雙皮奶博物館店）

地 華蓋路 1 號
時 博物館 10:00~19:00、餐廳 08:00~23:30
費 博物館免費開放

民信及仁信絕對是順德名氣最大的雙皮奶專門店。兩家本是同源，後來分家，現時在順德多地均有分店，其中民信在 2020 年於華蓋路步行街開設樓高 3 層的雙皮奶博物館。

▲ 所謂的博物館其實是位於 3 樓一間約一千呎的房間，主要講解雙皮奶的源起、做法和發展，以及民信仁信的關係。小小展館大約 10 分鐘即可逛完，但對想深入了解雙皮奶這種大良傳統特色甜品的人士來説還是值得一逛的。

▲ 雙皮奶的製作流程。

▲ 半糖雙皮奶（熱 ￥11）＋蓮子（￥7）
或許是順德人口味偏甜，我以往不喜歡吃民信雙皮奶的其中一個原因就是太甜了。為迎合遊客口味，民信近年推出甜度較低的半糖雙皮奶。雖然更適合普遍港人口味，不過民信的雙皮奶不但分量太少，只用一隻不夠拳頭大的小碗盛着，更重要是奶味很淡，質素低於標準。

▼ 陶醉雙皮奶（凍 ￥16）
顧名思義是加入了酒的雙皮奶，帶有微微的酒香味，盡管酒味跟奶味很搭配，第一口略有驚喜，但仍未能挽回我對民信雙皮奶的觀感。

李禧記

大良特色小吃「蝴蝶」是以麵糰製作的油炸食品，形狀似蝴蝶，而順德話中蝴蝶又稱蝴蝶，因而得名（題外話：所以牛腩中的蝴蝶腩，有些人又會叫蝴蝶腩）。最傳統的原味蝴蝶，口感硬脆微酥，很重南乳及油香味，不過我覺得有點油膩。

▶ 現時仍在做蝴蝶的商戶幾乎只剩下李禧記，不過在順德你會發現每家李禧記的招牌、裝修，甚至是產品包裝、種類和定價都有很明顯分別。我經深入查訪後發現，雖然它們均是用上「李禧記」的寶號，背後卻是由不同廠商經營，但據說均是李禧的後人成立。

▲ 當中比較常見的有招牌白底紅字和黑底金字這兩家。其中「黑金」店較懂得網絡宣傳，所以較受遊客歡迎；但「白紅」店產品普遍較「黑金」店便宜些許。

苔蘚
MOSS CAFÉ

地 碧鑒路 25 號　時 10:00~21:00

苔蘚是一家十分隱世的咖啡店，因為它並非在大街上，而是開在本身也毫不起眼的民宿「華德里」內。

▲ 穿過民宿大堂，來到咖啡店，會發現原來別有洞天。簡約裝修，配搭原木傢俬，在這裏喝咖啡，有一種很安逸的感覺。

◀ 甘蔗冰美式（￥26）
一杯很適合夏天的咖啡，甜中帶微苦，淡淡的甘蔗香味更能突顯咖啡的焦香味。

▲ 其中一邊是一大幅落地玻璃窗，可以看到設計成中式園林的天井位置，中間的假石山會不斷噴出煙霧，恍如鬧市中的神秘仙境。

◀ 順帶一提，華德里是一家由舊郵局改建的民宿，除了保留舊時的郵政物品，亦有售賣郵政紀念品，適合熱愛郵政或集郵的人士。

大潤龍眼炸豬肉
（順德總店）

地 丁字直街 7 號　　**時** 10:30~22:00

順德有不少賣「龍眼炸豬肉」的小吃店，但大家別以為是用「龍眼」水果來製作的暗黑料理哦！其實「龍眼」是順德勒流其中一條村的名字，這裏做的炸豬肉比較有名，所以這道小吃就被冠名為「龍眼炸豬肉」啦 XD~

◀ 大潤是順德其中一家做炸豬肉最有名的連鎖小吃店，在順德設有多家分店。點菜方式是自行用夾子把想吃的生肉串夾到不鏽鋼盆之中，再交給店員結賬。

▼ 炸豬肉（￥7.5／串）
炸豬肉用上去掉脂肪的豬頸肉來做，口感爽脆。調味以甜味為主，比較適合廣東人口味。想更惹味可以蘸點辣椒粉。

▼ 炸排骨（￥7.5／串）
用上帶軟骨的排骨，入味之餘亦做到鮮嫩多汁，我甚至覺得比炸豬肉更好吃。

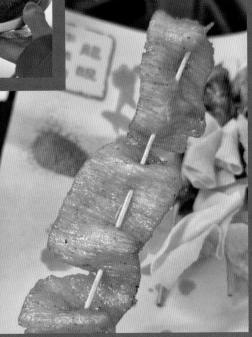

2022 年 6 月 OPEN

DEHAUS

開在嶺南園林樓閣內的咖啡店

地 順峰山公園汀芷園內（近北 3 門）

時 週一至五 10:00~19:00、週六日 09:30~20:30

交 地鐵 3 號線駒榮北路站 A 出口步行 1.7 千米

坐落在順峰山公園北部汀芷園內的 DEHAUS，由兩棟獨立建築所組成。其中青雲湖畔汀芷樓的 DEHAUS COFFEE，外觀是兩層高的傳統嶺南園林樓閣，內裏卻是十分型格。

▼ 汀芷樓對出湖畔平台的戶外座位，讓人有種置身水中喝咖啡的感覺，十分受歡迎。

黑色地板、櫃枱及牆身，配以大紅色天花及梳化，加上橙色及綠色滿洲窗作點綴，很像一間高級酒吧的裝潢，處處也滲透着中式元素，賣的卻是平易近人，中西合壁的創意特調咖啡。

◄ 雙皮奶拿鐵（¥32）
加入了口感幼滑的雙皮奶奶凍，令 Latte 的奶味更濃郁！不喝咖啡的我，一試愛上！

◄ 即使你像我一樣來晚了，搶不到平台座位，也可以選擇坐在樓上樓閣外圍，俯瞰青雲湖勝景。不過基於安全考慮，外圍座位數量有限，只有 4 桌共 8 張椅子，建議早點過來「霸位」。

▲ 位於汀芷園東門聽雨軒的 DEHAUS TEA，雖然望不到青雲湖，亦能飽覽汀芷園及青雲塔層次分明的幽雅景致。

► DEHAUS TEA 顧名思義主打茶類飲品，招牌產品是各種「啤氣茶」，即以類似啤酒樽來盛載的有氣茶飲。

順峰山公園小資料

順峰山公園是沿兩座湖而建的巨型公園，風景十分怡人。公園北面大門的巨型牌坊又名「中華第一牌坊」，闊 88 米，高 38 米，共 16 條大理石龍柱，造型雄偉，巧奪天工，站在底下仰望，會有點腳軟的感覺 XD～

◄ 園內設有超長的單車道連通各個小景點，適合踏單車遊覽。不過由於並沒設有共享單車的停泊位置，建議先在園外租用後才入園。

◄ 在公園的東北角，還有這顆超、超、超、超巨大的大檸檬（可用高德地圖搜索「順峰山公園大檸檬」）。

順德歡樂海岸PLUS

集合商場、主題樂園及展覽館的大型景區

地 大良歡樂大道 1 號

時 10:00~22:00

交 地鐵 3 號線歡樂海岸站 A／D 出口

🕐 建議遊覽時間：1 日

順德近年最大，兼最受遊客歡迎的景點，非歡樂海岸 PLUS 莫屬！顧名思義這裏是深圳歡樂海岸的升級版，除了同樣有大型商場、戶外步行街、展覽館、公寓以及酒店，更設有兩個主題樂園。

O'PLAZA

自佛山地鐵 3 號線通車後，前往歡樂海岸 PLUS 變得十分方便。「順德歡樂海岸站」的 A 及 D 出口均設有地下通道，連通到室內商場 O'PLAZA B1 樓。

➤ 商場一共 5 層高，最特別之處是在 1 樓中庭位置種植了不少綠色植物及樹木，更有流水景觀，給人置身大自然的錯覺。不過由於進駐的商戶對港人來說吸引力不大，這裏不作詳細介紹。

曲水灣風情街

商場對出名為「曲水灣」的水畔步行街，據説設計靈感源自清暉園、逢簡水鄉及粵劇粵曲文化，由多棟單棟仿古嶺南建築組成。在這裏會找到狀元牌坊、鑊耳牆、水鄉河道、滿洲窗、趟櫳門等嶺南元素，歡樂海岸PLUS更自稱是佛山版「清明上河圖」，漫步其中有種很 Chill 的感覺。

▲ 旁邊水道每日指定時間會有噴泉表演。

▶ 這裏亦雲集多間順德知名餐飲品牌分店，例如順峰山莊、豬肉婆、黃均記陳村粉、李禧記、仁信老舖、大良毋米粥等等。不過由於是景區範圍，普遍定價會較坊間稍貴，但勝在夠集中。

歡姐倫教糕

白糖糕是順德人發明的美食，由於起源自倫教，本地人習慣叫它倫教糕。最有名氣的倫教糕專門店是歡姐倫教糕，據說老闆歡姐是倫教糕發明人的後人。不過歡姐主要做遊客生意，所以定價會較本地其他茶樓的貴一點，但勝在全順德很多地方都有分店，而且專門售賣預先包裝的倫教糕，適合作手信。

雖然歡姐倫教糕的總店正是位於倫教，但位置對遊客來說不算方便，加上跟分店沒有太大分別，所以我不建議特意前往。相反歡樂海岸店不但交通方便，而且有更多獨特之處，例如有介紹倫教糕源起及傳承的展板，更適合遊客。

◀ **倫教糕（￥18／盒）**
話說我小時候很怕吃白糖糕，因為我在香港吃過的全部都是很重酸味。歡姐的白色倫教糕雖然仍帶一點酸味，但我覺得可以接受，加上爽口彈牙，是我第一次覺得白糖糕可以用「好吃」來形容。

▲ 除了常見的白色版本，這裏還有用黃糖製的黃色白糖糕，據說最初的倫教糕就是黃色的（倫教糕起源此處從簡，大家可在店內宣傳品作深入了解）。黃色的完全沒有酸味，不過口感稍為軟一點，哪款更好吃就看個人口味。我比較喜歡黃色的，或者是因為小時候被酸的白糖糕嚇怕，心理上還是不太接受白色的吧！

▲ **招牌脆皮倫教糕（￥26／4塊）**
堂食有兩款現場加工的熱食倫教糕，不過不但定價比盒裝貴，分量也較少（盒裝有6塊），而且所謂「脆皮」更與倫教糕完全不搭配，可以不試。

◀ **順德煎魚餅（￥23／4個）**
歡樂海岸分店設有堂食座位，售賣順德地道小吃。始終歡樂海岸是旅遊景點，價格比其他地方略高，而味道只能說是不過不失。

順德美食博物館

地 歡樂海岸 PLUS 西公寓 1 棟

時 週二至日 10:00~18:00（17:30 停止入場）

休 週一

順德是世界美食之都，無論你是想深入了解順德的飲食文化，抑或單純是「吃貨」一名，我也推薦大家逛逛順德美食博物館。

◄ 不少人都説「雞有雞味」是港人對吃雞的最高評價，其實也是順德人對美食概念最樸實的表述。由於順德菜講求原汁原味，所以不少美食均以「蒸」作為烹調手法，例如均安蒸豬、桑拿魚、桑拿雞等等，更誇張是用清水打邊爐，這些菜品均會在本書逐一介紹。

► 想試試親手「炮製」順德菜？來玩玩這個模擬下廚的互動遊戲吧！

◄ 順德十大名菜模型及簡介，當中大部分我在本書會再作介紹，例如拆魚羹、野雞卷、順德魚生等。

巽美術館

地 歡樂海岸 PLUS 西 1 棟
時 週二至日 09:00~18:00
休 週一
費 ￥20

跟書中介紹過的和美術館一樣，巽美術館也是民營美術館。雖然這裏的人氣遠遠不及和美術館，但門票便宜很多。

▲ 這裏面積不大，只有 3 層樓高，愈高層所佔面積愈少。即使是最底下的一樓，也只有一個約一千多呎的小展廳，舉辦期間限定的藝術展覽。

◀ 最高的三樓更只是一個小閣樓，擺放了一張長桌子，上面鋪滿很有歷史、內地出版的公仔書，供人隨意翻閱。

▼ 如果單純進來看展覽，我想不用 15 分鐘就可以逛完，但我還是誠意推介前來參觀，因為小小的美術館單靠連通三層的樓梯，已營造不少很有美感的打卡位！

▲ 不規則形狀的樓梯，由以洞石組成的三角形石面構成，並連通各個平台。從不同角度觀看，皆有截然不同的感受。對喜愛打卡的人來說，不需任何技巧也能輕鬆拍攝充滿後現代藝術感的照片。

▲ 樓梯外牆採用落地大玻璃窗，不但拾級而上時有種豁然開朗的意境，據說陽光明媚的日子更會令整條樓梯充滿光影效果。

歡樂時光主題公園

時 10:00-22:00
費 免費入園

與曲水灣一水之隔的歡樂時光主題公園，是免費入場的樂園，當中 14 項遊樂設施獨立收費，費用由 ￥20 至 ￥35 不等（摩天輪為 ￥99）。也可以選擇購買包含大部分項目的暢享票，成人費用為 ￥160。

➤ 高 99 米，又名「順德眼」的摩天輪是這裏最顯眼的地標。採用懸吊式純球形全景艙，視野較普通摩天輪廣闊。一個艙可坐 6 人，轉一圈約 21 分鐘。

▼ 或許是因為摩天輪很浪漫，所以摩天輪底下就是順德的婚姻登記處。旁邊還有同心鎖圍欄及以各國語言表達「我愛你」的愛情牆，是情侶必到的打卡位。

▼ 樂園範圍內設有數家連鎖快餐店及飲品店。由於樂園為開放式設計，所以餐飲店的定價與商場店舖相若，只較其他市區分店略高一點。

瑪雅海灘水公園

顧名思義是以瑪雅文明為主題的水上樂園，只於夏季開放，並需購票入場。由於撰寫本書期間並非夏季，故未能向各位作詳細介紹。

大良餐廳介紹

金榜牛奶店

地　大良甲子路基督教堂對面
時　13:30~ 賣完即止
交　地鐵 3 號線環市北站 A 口步行 600 米
註　只接受現金

如果你問我順德最好吃的雙皮奶是哪家店？我會毫不猶豫答你——金榜牛奶店。甚至有不少順德人跟我說，這裏的雙皮奶是全順德唯一一家仍能讓他們吃到「兒時雙皮奶味道」的餐廳。不過提醒大家這裏每天下午 1 點半營業，賣完即止，所以即使是平日也有不少人提早半小時來排隊。

▲ 雙皮奶（熱 ￥8）
不但奶味香濃，口感幼滑，奶皮更是超厚！

◀疫情前這裏還有賣瓶裝水牛奶、龜苓膏等，不過疫情過後因生意太好，只能供應熱雙皮奶。當天我聽到鄰桌隨口問了一句為甚麼沒有凍的，老闆以不太友善的態度回覆「凍唔切！」加上這裏是我近年在內地遊走第一次遇到只收現金的商戶，可見老闆是很有個性的人。來這裏品嚐高質雙皮奶，請不要介意服務態度。

華生行

地 大良蓬萊路蓬萊商廈 114 號
時 週三至一 10:30~22:00
休 週二
交 地鐵 3 號線大良鐘樓站 B 出口步行 600 米

如果你特意來到金榜牛奶店，但雙皮奶已沽清；又或者你單純不欣賞老闆的個性，不想光顧，那麼還有沒有其他水準相近的雙皮奶可以選擇呢？話說我在金榜牛奶店時，剛好與一位順德本地人「搭枱」，她推介我可以試試距離金榜牛奶店約十分鐘路程的華生行。

➤ 雙皮奶（凍 ￥12）
華生行的雙皮奶比較貴，奶味稍為淡一點，不過蛋白味較重，最重要是有凍的！除了大熱天時吃會比較舒服，凍過的雙皮奶奶皮會更厚，喜愛奶皮的話會更適合你。

▼ 龜苓膏（大 ￥33）
華生行其實是涼茶糖水舖，最招牌是龜苓膏。雖然 ￥33 一個在內地來說不算便宜，但藥材味明顯比坊間的濃。

➤ 水牛奶（淡 / 凍 ￥14）
這裏還有賣雙皮奶的原材料瓶裝水牛奶。水牛奶之所以可以結成奶皮，是因為奶脂含量豐富，因此直接飲用，奶味也十分香濃，更勝過北海道的 3.7 牛奶。華生行的水牛奶還可以選擇低糖版本（淡），因為順德人口味偏甜，我覺得淡味對香港人來說都已經算甜。

輝哥私房菜

地 大良東明路 68 號
時 10:00~21:00
交 地鐵 3 號線東樂路站 D 出口步行 640 米

順德有不少「私房菜」餐廳，每家都有自己拿手的招牌菜品。輝哥私房菜主打桑拿魚，賣點是用自設農場所養殖的食材。

➤ 桑拿縮骨胖頭魚一魚三吃（￥258）

桑拿魚是先把魚去骨，再將魚肉切成一片片作簡單調味，然後在客人面前的大鍋裏蒸熟。一般順德桑拿魚餐廳會提供 2 至 3 種魚給客人選擇，最常見是最考師傅刀工，多骨但鮮味十足的鯽魚。輝哥這裏則只供應自家養殖的縮骨胖頭魚，魚身比坊間的胖頭魚細，鮮味更濃，甚至比鯽魚還要鮮甜。由於已作簡單調味，所以不用蘸任何醬料已很好吃。另外已去骨，怕吐魚骨人士可以盡情享用，不過要注意有時師傅會一時失手，有機會暗藏碎骨，建議還是仔細咀嚼為妙。

◀ 胖頭魚是淡水魚，會帶一點泥味，介意的話可以配搭水果絲瓜及榨菜一起吃。水果絲瓜真的名副其實像水果一樣甜，加上魚肉的鮮甜味，滿嘴都是幸福的感覺。

▼ 既然是胖頭魚，魚頭特別大，最後一吃當然是豉汁蒸魚頭啦！

▲ 一魚三吃另外兩吃還包括煎焗魚骨。坊間餐廳為方便起見，魚骨通常採用油炸做法。輝哥則用較花功夫而且相對健康的煎焗做法，不但沒那麼「熱氣」，魚骨更做到外脆內嫩。

叮嚀私房菜

地 大良永樂巷 11 號

時 11:00~14:00、17:00~21:00

休 週二

交 地鐵 3 號線大良鐘樓站 E 出口，於西山廟巴士站乘 905、305 路巴士至美食城站，步行 200 米

大約 7 年前我認識了兩位家鄉在大良的香港中學生，當時「八卦」問他們，覺得大良哪家餐廳最好吃，他們竟然異口同聲跟我説「叮嚀」。雖然我最近再光顧，覺得它的出品與以往分別不大，不過可能是因為名氣越來越大，價格不斷調升，不少本地人都説升幅驚人，已經沒有以往那麼「抵食」，但我覺得定價對香港人來説仍然吸引。

➤ 招牌燒鵝（￥98 / 例）
最招牌的燒鵝雖然貴一點，但質素明顯較高；不但鵝味更重，重點是外皮很酥脆，甚至有種在吃薯片的感覺。

▼ 銀杏胡椒豬肚湯（￥168）
叮嚀的豬肚湯也是必點，用上大量豬肚、豬骨及白果熬成，湯水呈淺褐色，證明很足火喉。不過此湯至少要點一整煲，足夠 4 人以上享用，最好多叫幾個朋友一起品嚐。

➤ 杏仁炸牛奶（￥48）
前文介紹過炸牛奶這道順德小吃，常見做法有兩種。普通一點的會用整片麵包包裹牛奶餡料，而較好的做法是用上麵包糠。叮嚀就再加上杏仁片，令口感外酥內綿之餘，亦增添杏仁香氣，混合香濃的奶味，有錦上添花之效。

南記海鮮

地　大良廣源路 6 號號
時　09:30~14:00、17:00~20:30
交　地鐵 3 號線東樂路站 D 出口，乘 902 路
　　巴士至近良市場站

傳統的順德刺身是用淡水魚鯇魚製作，食用或有感染寄生蟲的風險，因此我不建議大家吃。南記海鮮則用海魚來製作，雖然價格比鯇魚貴，但理論上較安全。

➤ 剝皮牛（￥545.6 / 2.2 斤）
南記有不同價位的魚可供選擇，這次我選了比較貴的剝皮牛，但味道不覺得有何驚艷之處。建議可點較便宜的海鱸或金鯛魚，一條兩斤大約 ￥150 至 ￥200，性價比高很多。

◀ 這裏設有透明廚房，師傅會在這裏切魚，客人可以看到整個處理過程，自然吃得放心。

➤ 鳳城炒牛奶（￥48）
用水牛奶加入粟粉製成的炒牛奶也是大良的特色菜。不過南記的粟粉比例過多，口感偏結實不夠綿滑，比較一般。

▼ 配菜（￥10 / 小份）
順德刺身的標準吃法是「撈起」。先夾幾塊魚肉到碗內，再按喜好加入十多款配菜，包括蒜片、洋葱絲、醃蒜片、榨菜、薑絲、檸檬草、陳皮絲、花生、芝麻、鹽及糖，最後再淋些許花生油，拌勻後就可以吃了。

➤ 剩下的魚頭魚尾及魚骨，南記會煎焗加工成椒鹽頭尾骨，和之前介紹的輝哥一樣能做到外脆內嫩。

▲ 鹽、糖及花生油起到提鮮作用，其他配料則增添爽脆口感及各種香氣，令本身已很鮮美的刺身錦上添花。

豬腰傳承世家
私房菜（大良店）

地 同興路大良國際商業城 A 區 4 座 422 號

時 11:00~14:00、17:00~21:00

交 地鐵 3 號線大良鐘樓站 E 出口，西山廟巴士站乘
309、391 路巴士至大良醫院站，步行 160 米

▼ 喜愛進補的人士，豬腰傳承世家絕對是不容錯過的餐廳。

▲ 簡單蘸一點特別調配的薑蔥豉油，更能突出豬腰鮮味。

▲ 祖傳浸豬腰（￥60／2 付）、豬腦（￥36／2 付）
顧名思義招牌菜是祖傳浸豬腰，2 付（即 2 個）起叫。豬腰洗得很乾淨，連同酒及薑汁一起煮，完全沒有異味。吃完豬腰記得也把湯喝完，酒香味醇，帶點薑辣，滋補暖身，驅寒一流。如果需要再補一點，下單時還可以加入豬腦或者雞子。

小貼士

除了大良，豬腰世家在順德也有其他分店。不過我的順德朋友比較推薦大良店，出品較為穩定。

▲ 沙薑白切豬手（￥58）
雖然我對進補需求不大，但這家店我曾先後光顧 3 次，每次來都發現男顧客的比例出奇地高。不過女士即使對招牌菜興趣不大，也可以試試其他順德菜，不但水準不錯，而且大部分都是抵食夾大件，所以我才會多次在這裏用餐。

友口福（大良店）

地　近良路 1-3 號

時　11:30~14:00、17:30~21:00

交　地鐵 3 號線東樂路站 D 出口巴士站乘 902
　　路巴士至寶林寺站，步行 480 米

▲ 特色桑拿雞（￥188／隻）
除了前文介紹的桑拿魚，順德人還喜愛吃桑拿雞。跟桑
拿魚一樣，桑拿雞也是預先拆骨起肉，連同蟲草花、絲
瓜及薑蓉一起蒸熟。

▲ 友口福選用走地黃油雞，雞味超重，雞油也特別多，
滿滿雞油香氣。雞肉剛剛好熟，即使雞胸也十分嫩滑。

◀ 重點當然是雞皮，爽、
脆、彈、滑、香，每一點都
做到極致，吃過一塊就
停不下來。幸好那次
是跟兩位不愛雞皮
的人一起吃，幾
乎所有雞皮都由我
處理，吃得很滿足
XD～

▲ 在蒸雞前，店員會先把雞骨、內臟及雞血等倒進蒸網
下方的湯底裏。吃完雞肉，就可以喝下面的雞骨湯。不
過由於在蒸煮過程中有不少雞油流進湯裏，喝之前建議
先去一去表面的油層。

▼ 由於友口福出品真的不錯，即使是平日也經常大排長
龍，建議提前訂座。我那次是提早一天預訂，也只能坐
戶外座位，介意的話最好再早一點預訂啦！

▲ 鹽油薑飯（￥30／小煲）
喜愛吃油飯的你一定會愛上這裏的鹽油薑飯，選用較好
的粘米，米香與雞油香味相得益彰，口感十分鬆軟，加
上鹽和薑的點綴，即使單吃這個飯也不會覺得單調。

大地農莊（逢沙大道）

地 大良逢沙市場內
時 11:30~13:30、17:00~20:30
交 地鐵 3 號線歡樂海岸站 B 出口步行 1 千米

大地農莊招牌菜是醉鵝。雖然名字有個「醉」字，但不同江浙菜的醉雞，醉鵝酒味不濃，即使小朋友也可以試試。

◄ 醉鵝的煮法很特別，會在客人面前即場炒製。店員先把半生熟的鵝放進鐵鑊內翻炒，再把一整支紅米酒及秘製醬料倒進去，蓋上蓋子。

▼ 接下來就到重頭戲。待提升到合適溫度後，店員會在蓋子旁邊點火。由於酒精加熱後會迅速揮發，加上很易燃，所以火會愈燒愈旺。整支米酒的酒精能燃燒 3 分鐘左右。

▼ 醉鵝（￥238 / 隻）
牙力不好的人，我會建議多等一會兒，因為剛剛煮好的鵝肉比較難咬開，鵝皮更是「韌過擦子膠」。讓鵝肉在醬汁內再燜煮約十分鐘，不但口感更好，醬汁也更濃稠，更能掛在鵝肉上。鵝肉本身的肉香味，配搭米酒的餘香、鹹中帶甜的醬汁，絕對會吃上癮！

▲ 冬瓜拼腐竹（￥20 / 份）
吃完鵝肉，還可以用醬汁來「打邊爐」。最多人選擇的是冬瓜拼腐竹，都是能吸收湯汁的好配料。

▲ 火熄滅後，加入葱段，再翻炒一會便可以吃了。

◄ 大地農莊是全露天的大牌檔，加上要對着火爐吃醉鵝，夏天會有點辛苦。不過由於價格親民，即使平日晚上也座無虛席，甚至可能要等位，建議早點過來。另外鵝至少要點一整隻，按正常食量，建議至少 3 人光顧。

容奇大橋

濱河路

容奇大道中

①

新涌
電影街

②

宏駿廣場

發達
咖啡屋

大鳳山公園

哥頓
酒店

③

千禧廣場

富華美食

廣珠公路

樂園
酒家

花溪
公園

紅星光發
煲仔飯

天佑城

銀記
私房甜品

容桂大道中

文塔
公園

文明西路

鹿茵酒店

紅旗中路

文華路

松記

④

海尾
公園

① 容桂漁人碼頭 ② IF1959 文創園 ③ 181 長橋倉創意產業園 ④ 後浪 Plus 公園 ⑤ 順德工業發展館

容桂水道

⑤

容奇大道東

建業西路

大崗山
公園

碧桂路

廣珠西綫高速

朝桂南路

科苑三路

雲端
古廟

頤安·
灝景灣

容里
公園

昌發
私房菜

高鐵線

順德舊貨市場

桂洲大道東

生記
飯店

容桂站

容邊排骨飯

天河公園

順德快速

容桂交通　廣州南站　　廣珠城軌　　→容桂站

容桂漁人碼頭新貌

容桂必到景點、最旺夜市

地　容桂東風居委會東堤路 7 號

交　城軌容桂站轉乘 322 路巴士至
　　漁人碼頭站

時　建議遊覽時間：3~4 小時

説到容桂近年最成功的旅遊景點，我想肯定非漁人碼頭莫屬。這裏曾是順德食品進出口公司的碼頭，是順德著名的糧食集散地。唯隨着時代變遷，水路貿易逐漸式微，碼頭於 2000 年停運後曾荒廢 15 年之久。至 2016 年，碼頭被活化成集餐飲、文化、旅遊於一身的景區，憑藉多個網紅打卡點熱爆網絡。疫情期間我到訪過，當時已甚具人氣，時至今日即使是平日，每到下午皆是人頭湧湧！

▲ 燈塔、愛情心、起重機、14 噸的船錨、薯條外形的麥當勞小食亭等等，皆是十分「呃 Like」的打卡位。

▼ 也有前文介紹過的兔先生其他塗鴉作品——坂本龍一、吳世勳和王嘉爾。

▲ 當然不要錯過位於馬路另一邊，舊食品廠外牆上的巨型貓咪壁畫。

➤ 以及地下那條無論大小朋友都喜愛的水磨石滑梯。

JANICE WONG COFFEE

地 漁人碼頭 K 棟內　**時** 10:00~18:00

漁人碼頭靠江邊的位置有好幾間由貨櫃箱改建而成的茶飲咖啡店，當中景色最好的是 JANICE WONG COFFEE。雖然店舖名字與新加坡著名藝術家及甜品師相同，但我查了很久都沒找到這家店老闆的資料，未能證實跟新加坡的那位是否有關係。

◀（左）與其說它是一家貨櫃箱咖啡店，倒不如說它是外觀帶點貨櫃箱元素的玻璃屋咖啡店會更貼切，因為整家店幾乎所有牆壁都用上落地大玻璃，甚至連天花也是！不過在烈日當空的日子，坐在玻璃天花下會不太好受，所以咖啡店才用白色簾子作遮擋。但店內採光度高，加上桌椅、櫃枱及餘下牆身均是白色或淺木色，給人很安逸的感覺。

（右）由於咖啡店建在地勢較高的位置，能透過落地大玻璃俯瞰對出河道的景色。

▲ 附近有不少充滿異國風情的獨棟商戶，例如大灣區較少見的 7-11 獨立店，很像到了日本。

▲ 這裏也是容桂最適合看日落的地方，黃昏時間靠江的觀景平台上永遠堆滿遊人。

容桂時光碼頭夜市

離漁人碼頭較遠的 P5 停車場對出的
大草地，近年被發展為夜市。這裏的
定位較高端，有多間面積大的露營風
酒吧，部分更提供駐唱表演，很適合
約上三五知己小酌幾杯。

▼ 但亦因這裏搞得不錯，吸引巨大客流量，所以吸引超
多無牌熟食小販在周邊擺檔，有些更直接擺在馬路上。
雖然這令行人路被擠得水洩不通，在這裏「掃街」感覺
不太好受，但無可否認這裏是容桂最具煙火氣的地方之
一，喜歡這種感覺的話就要來湊湊熱鬧。

▼ 這位賣烤肉串的大哥居然把烤爐揹在身上，方便邊走
邊賣，很有創意 XD！

小貼士

就在漁人碼頭旁的沖邊街也有不少小吃
攤檔，雖然人流較少，但比較正規，我
甚至覺得搞得很像台灣夜市。真的想吃
街邊小吃的話，這邊的體驗應該會好很
多。

IF1959 文創園
（柴油機 1959 創意園）新貌

超多塗鴉藝術的文創園

- 🏠 容桂衛紅居委會工業路 23 號
- 🚇 城軌容桂站轉乘 326 路巴士至容奇醫院站，步行 700 米；或容桂站乘的士 / 網約車（約 25 分鐘）
- 🕐 建議遊覽時間：3 小時

離容桂漁人碼頭約十分鐘路程，前身為德力柴油機廠的 IF1959 文創園，是順德面積較大的文創園區。雖然商戶出租率略低，但在這裏仍能找到不少特色店鋪。

▲ 園區最特別之處是有多幅大型壁畫，向遊客訴說着曾經聞名全國的德力柴油機的輝煌歷史。

▲ 這裏在過去兩年曾兩次舉辦大型塗鴉藝術節，所以園內幾乎每個角落都有高質素的塗鴉作品，部分更是十分大型且色彩斑斕，吸引不少遊客特意過來打卡。

MARS COFFEE

- 🏠 工業路 23 號 7 棟
- 🕐 週一至五 13:00~20:00、週六日 11:30~22:00

一家荒野星球風咖啡店，店內地面鋪滿碎石，並且有好幾個「隕石坑」，每個坑內都擺放了露營桌椅。由於咖啡店面積頗大，座位與座位之間比較寬闊，加上冷氣很足，即使炎炎夏日仍能有種身處荒野的感覺。

FREE 自·在河邊
設計師茶館子

地 柴油機 1959 P4 停車場內　　地 10:30~19:00

位於河涌邊的 FREE 是一家由設計師開設的新中式茶館，不但環境十分優美，就連茶飲茶點也很適合打卡。

▶ 由舊民房大幅改建的建築，外觀走現代簡約風，內部則充滿眾多傳統中國元素，時髦與鄉土氣息結合得天衣無縫，可謂新中式設計的表表者。

附近景點及餐廳

新涌電影街

地 工業路 50 號

與 FREE 一涌之隔，在短短的一條街上，有數間仿照內地上世紀七八十年代風格搭建的商戶，讓遊人恍如穿越到幾十年前的時空。這裏亦是內地多套影視作品的取景地，不過對港人來說大多都比較陌生。

▲ 到訪時時值初秋，這裏推出了秋意甚濃的創意特調，橙色的茶飲上漂浮着一塊紅色的落葉，剛好當時夕陽透射到桌上，令畫面更添瑟縮淒美感。

◀ ▲ 茶點大多造型精美，亦有色彩絢麗的果乾。不過這些茶飲茶點大多「得個樣」，味道不敢恭維。雖然這裏的菜單每一季都有很大變化，時至今天網上仍有不少人對這裏的出品給予負評，建議不要抱太大期望。

▲ 電影街附近也有不少裝修及產品皆很有個性的網紅咖啡店。加上附近建築密度很低，車流量也較少，是一個很休閒寫意的地方。

2023 年 8 月
OPEN

181長橋倉
創意產業園

文青咖啡店聚集地

- 地 容桂大道北 181 號
- 交 城軌容桂站轉乘 324、326 路
  巴士至桂洲長橋站
- 🕐 建議遊覽時間：1 小時

由絲綢倉庫改建的文創園區，仍在發展階段，現時進駐的商戶大多是適合年青人的文青咖啡店。不過據牛雜咖啡負責人説，由於這裏有一家經常接待旅行團的大型酒家，所以平日最常見到的反而是一車又一車，香港旅行團的年長團友 XD。

笨笨先生牛雜咖啡

- 地 181 長橋倉 19 號樓
- 地 08:00~21:00

◀ 美式咖啡＋蘿蔔牛雜（￥20）

牛雜配咖啡，你試過未呢？雖然聽起來很「九唔搭八」，但其實違和感不算明顯。另外牛雜分量不少，滷汁也夠香濃，甚至比前文介紹過的一間網紅牛雜店還要好呢！所以 CP 值真的十分高。

▶ 與其他文創園一樣，這裏也有多幅巨型壁畫，當中不少題材是與電玩遊戲有關。

▲ 最具人氣的咖啡店是這家高地咖啡，據説裝修及出品均甚具文藝氣息。可惜到訪當日東主有喜，休息一天，未能為大家一探究竟。

➤ 一家餐廳外的陳奕迅最新巡迴演唱會形象壁畫，你覺得畫得像不像呢？

Fear and Dreams

➤ 奮力爬牆的貓星人。

◀ 不過這家店吸引我光顧的原因，並不是牛雜配咖啡這個奇怪組合，而是門口旁數隻卡通化的熊貓壁畫。其實整家店裏裏外外均畫了不少超、超、超可愛的熊貓壁畫，每一隻都精靈活潑、栩栩如生，而且充滿細節位，除了適合拍照，也可以駐足欣賞。喜歡熊貓的話千萬不要錯過！

➤ 大熊貓立體感十足，好像真的破牆而出，探頭出來般。Bling bling 的大眼睛、呆呆的表情，很生動有趣，是我最愛的一幅。

2023 年 6 月 OPEN

後浪PLUS 公園

超多打卡位的露營風夜市

地 容桂德寶北路合安街 39 號

交 城軌容桂站轉乘 324 路巴士至
容桂交警中隊站，步行 400 米

🕐 建議遊覽時間：1.5 小時

一個規模頗大的露營風夜市，約有三四十間以貨櫃箱改建而成的酒吧、茶飲及甜品店等，甚至有數家正餐及宵夜餐廳。

除了比前文介紹過的碼頭夜市大，人流也相對較少。附近看不見任何高樓大廈，在這裏飲飽食醉不但更舒服，亦有遠離煩囂的感覺。

▲ ➤ 商戶為了吸引客人光顧，明顯花了較多心思在裝修上，甚有爭妍鬥麗之勢，令整個夜市處處皆是打卡位。

◀ ▼ 似乎容桂人真的很愛熊貓！這裏其中一個很受歡迎的打卡位，就是在一家茶飲店屋頂上的親子熊貓雕塑。

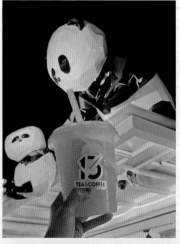

▼ 由於大部分商戶晚上才營業，想光顧的話建議入黑後才過來。不過老實説這裏的宣傳做得不太好，網上也甚少人談論這個地方，所以我也很擔心這些特色商戶能否捱下去……

順德工業發展館

深入了解順德工業及科技發展

地 容桂宏業路 12 號

時 週二至日 09:00~12:00（11:30 停止入場）、14:00~17:00（16:30 停止入場）

休 週一

交 城軌容桂站轉乘巴士 989 路至順德工業發展館站

註 請以微信公眾號預約

🕐 建議遊覽時間：1 小時

之前跟大家介紹過順德除了是魚米之鄉、美食之都，亦是廣東四小虎之一，以工業立縣。雖然近年部分產業式微，令多個舊廠房被改建成一個又一個文創園區，但工業仍然是順德的經濟命脈。想深入了解順德的工業到底有多厲害，就要來到順德工業發展館。

展區共五層高，由順德古代工業蠶絲說起。至近年蠶絲相關工業在順德仍佔一定比重，所以前文介紹的景點中，有不少故事皆與「絲」有關，例如 C 立方、天意莨園、181 長橋倉等。

▲ 展館外形十分獨特，像一個巨型飛機引掣，寓意順德工業迅速發展，是最紅的打卡位。

▼ 與倫教絲織廠同期使用的舊式絲織機。

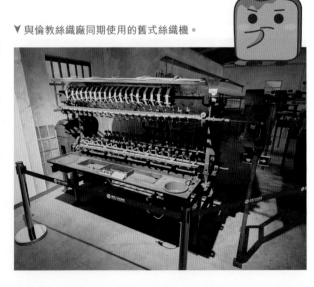

◀ 順德也是著名珠寶產業基地之一。香港一些知名珠寶首飾品牌均在順德設廠,例如周大福及周生生。

▲ 當然順德更為人熟知的是其家電製造業,多款全國以至全球首台的家庭電器也是產自順德。

◀ 所以這裏亦有展出部分順德發明的創新科技產品,例如整套智能家居樣板。

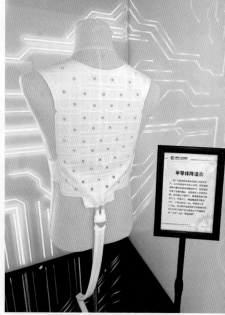

▲ 作為一個很怕熱的肥仔,我最期待早日量產的是這件半導體降溫衣,聲稱可以把溫度降低 10 度左右,絕對是「降溫神器」。可惜現時產品主機重達 2.5 公斤,對我來說有點難以負擔 XD。

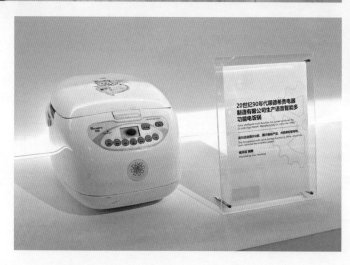

◀ 不過並非所有產品最終都能取得成功,例如這款於上世紀 90 年代製造的語音智能多功能電飯煲,現時市面上好像已沒有同類型產品。

容桂餐廳介紹

2022 年 9 月 OPEN

發達咖啡室（容桂店）

地 德勝路 57 號　時 13:00~22:00
交 城軌容桂站轉乘的士／網約車（約 16 分鐘）

發達咖啡室是容桂一家很著名的網紅咖啡店，2023 年更吸引歌手楊千嬅光顧打卡。咖啡店是由兩棟獨立的瓦頂民房改建，其中面向馬路的門面帶點日式風情，不過它其實是家中式創意咖啡店。

▼ 煲仔提拉米蘇（￥48）
這裏另一款招牌是用砂煲來製作的 Tiramisu，不過我覺得可可粉比例過高，手指餅亦不夠濕潤，整體口感太乾，忌廉不夠滑，十分一般。

▲ 我唔係茅台（￥32）
話説 2023 年年中，廉價連鎖咖啡店品牌瑞幸咖啡，與內地高端白酒品牌茅台，聯合推出帶有茅台香味的醬香拿鐵。不過無論是網上或是身邊朋友都認為味道不佳，甚至因其酸味較重，被嘲笑像「嘔吐物」。其實發達咖啡早在 2022 年已推出帶酒香味的拿鐵「我唔係茅台」，雖然完全不含酒精，卻有一股很濃郁，類似茅台的香味。加上咖啡香味勝過瑞幸的醬香茅台，酸味亦較淡。無論你喜不喜歡醬香拿鐵，我也建議你來試試這款「我唔係茅台」。

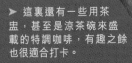

▶ 這裏還有一些用茶盅，甚至是涼茶碗來盛載的特調咖啡，有趣之餘也很適合打卡。

富華美食

地 振華居委會富華路 83 號首層之十一室

時 17:30~02:00

交 城軌容桂站轉乘的士 / 網約車（約 10 分鐘）

容桂有不少主打豬雜粥的餐廳，當中名氣最大的是文華老友記。不過我吃過覺得環境很一般，蒼蠅滿天飛，加上宵夜時段才營業，而且下單後要等很久才吃到，所以印象不是很好。富華美食是我順德朋友推介的一家在疫情前開業的豬雜粥店。雖然豬雜的新鮮程度肯定比不上供應屠宰場溫體豬雜的文華，不過還是在可以接受的範圍，而且環境十分乾淨企理。

▲ 在廚房對出的凍櫃裏，豬雜按部位分門別類擺放。想吃哪種豬雜，只要指一指即可，然後店員會按部位秤重計價，待廚房切好後上菜。

▲ 粥底（￥5，1-3 人份）
上豬雜的同時，也會提供白粥鍋底，讓顧客自行煮豬雜。粥底火鍋起源自順德，為讓米香更突出，粥底內還加入腐皮碎和髮菜絲。

▲ 除了常見的豬雜部位例如豬潤、豬腰等，這裏也有珍稀部位，例如竹腸。後文介紹清水打邊爐時會再作詳細介紹。

◀ 烹煮豬雜時粥底會吸滿鮮味和精華，切記不要浪費它！這時可以點一份順德特色鹹生菜加進去，煮成鹹菜粥，亦令粥底多了份鹹香味，鮮味更濃郁。

銀記私房甜品

🏠 容桂樂華路 33 號

🕐 14:00~22:00

🚉 城軌容桂站轉乘 324 路巴士（17:00 後）至勞動服務中心站，步行 280 米，或城軌容桂站轉乘的士／網約車（約 18 分鐘）

銀記曾經是我深愛的甜品店，幾乎每次來到順德都會特意光顧。因為它的牛奶甜品是用水牛奶做，奶香味特別濃郁，而且以往絕大部分的甜品都很足料，CP值超級高。

➤ 西米露牛奶燉蛋（￥11）
最招牌的西米露牛奶燉蛋，口感十分綿滑，奶香和蛋香味也能做到平衡，說是我吃過最好吃的燉蛋也不為過。

▼ 鮮奶椰汁桃膠（￥15）
不過 2024 年我再光顧就發現除了牛奶燉蛋，其他產品都嚴重退步了。最明顯的是鮮奶椰汁桃膠，以前是用燉盅分開來燉煮，鮮奶十分濃稠，奶味香濃；現在是用大鍋煮好再分裝，鮮奶的水分明顯多了。

➤ 其他甜品都有些不似以前那麼驚艷的情況，建議大家只嚐牛奶燉蛋即可。

➤ 這裏除了有賣瓶裝水牛奶，在下午指定時間亦會售賣新鮮擠的水牛奶，可自攜容器購買。不過提醒大家，新鮮水牛奶由於未經高溫消毒，保質期很短，而且需要煮沸才能飲用，對遊客來說瓶裝的會更方便。

紅星光發煲仔飯

順德區

187

地 容桂大石街 40 號

時 11:00~14:00、17:00~20:00

交 城軌容桂站轉乘 323 / 327 / 392 路巴
士至文海路文華路口站，步行 600 米

雖然紅星光發是順德著名的老字號煲仔飯店，但它的煲仔飯卻是名不副實——因為它是用上正常大小的砂鍋來煮，叫做煲「佬」飯會更加貼切 XD。

➤ 金牌黃鱔白鱔飯（￥98）
由於「煲」比較大，這個鋪滿黃鱔及白鱔的煲仔飯，餸菜的分量其實比坊間的多很多。加上米飯的分量亦有所增多，正常食量的人未必能吃光整個煲「佬」飯。

▲ 兩種鱔肉十分鮮嫩彈牙，鱔香味濃，￥98 絕對是超級抵食！

▲ 我最欣賞紅星光發的地方其實是它的飯焦。微微焦脆的飯焦，完全不費牙力即可輕鬆咬爛，甚至近似卜卜米的口感，是我心目中最完美的飯焦！

松記食店

地 容桂合祥路 3 號
時 11:30~14:00、17:00~21:30
交 城軌容桂站轉乘 324 路巴士至桂新東路文華路口站

順德菜講求呈現食材的原汁原味，而追求這種理念
到極致的表述方式，我想就是松記主打的清水打邊
爐。不過因為清水煮真的沒有任何技術可言，所以
我的順德朋友都說，他們幾乎不會在外面吃這種
火鍋，只會在街市買食材回家煮 XD 但由於松記的
火鍋配料真的很新鮮，加上遊客很難在順德自行煮
飯，所以我還是推薦大家來松記吃。

▲ 圓枱開爐費（￥15）
既然叫「清水打邊爐」，
湯底真的是甚麼也沒
有，只有一鍋清水。

▶ 茶位調料（￥3／位）
醬料也是比較簡單，以
豉油為主。

▼ 由於湯底沒有任何味道，所以松記選用的食材十分講究。除了新鮮，大部分均是口感很獨特，而且鮮味或肉香味比較重的，當中有不少都是很刁鑽且罕見的。

▲ 豬天梯（￥33）

▲ 爽口豬牙肉（￥40／小份）

▲ 牛脷坑（￥45／小份）

➤ 甚至有雞子呢！（這盤是偷拍鄰桌的，所以拍得不好看，請見諒 XD）

◄（左）脆肉鯇腩（￥58）
也有少部分常見的火鍋食材，例如脆肉鯇。

◄（右）招牌竹腸（￥45／小份）
竹腸即是胃與粉腸之間的豬小腸，由於每隻豬只有一小段，十分珍稀，所以在香港及深圳均不常見。腸身肥厚，口感較粉腸爽口彈牙。內含乳糜，但不帶苦味，咬下去甚至有爆汁效果！是清水打邊爐中我最愛的火鍋配料。

容邊排骨飯

地 容邊天河路 7 號　　**時** 04:30~13:30

交 城軌容桂站轉乘 328 路巴士至容邊居委
　　會站，步行 200 米，或城軌容桂站轉乘
　　324 / 327 / 392 / 988 路巴士至容邊站

據順德朋友跟我説，容邊排骨飯是容桂的超級網紅店，每逢假期都大排長龍。有些人為免浪費排隊時間，甚至會選擇凌晨 4 點多就來到，等候它開門營業呢！不過這也引來附近居民的投訴，所以餐廳於 2023 年年底搬遷至現時離民居稍遠，由工廠改建的新址。雖然新址面積非常大，可容納數十枱食客，但我當日即使是平日早上非用膳時間來到，仍然座無虛席，可見這家店有多受歡迎！

▲▼ 來到容邊，首先要自己找空位坐下，然後舉手呼喚店員下單。另外這裏連白飯也是自助式去拿的。

▼ 排骨拼粉腸豬肝（￥38 / 中份）
這裏最招牌的當然是排骨啦！採用少見的乾蒸做法，即是只加超少量的水來蒸。當水分完全蒸發後，再透過鍋內熱力將排骨完全焗熟。

◄ 除了令肉汁完全鎖在排骨內，肉味更濃之外，邊緣位置大多帶有焦邊，更加香口。不過調味比較重，建議配白飯來吃。

▼ 如果你點中或大份，還可以加入粉腸／豬肝／魚仔／肉丸，做成雙拼或三拼。其中粉腸選用靠近竹腸的部位，彈牙味鮮。

▲ 豬膶有點過熟，不夠粉嫩。

◀▲ 嗜嗜牛肉煲（￥58）
醃料味道過重，蓋過了牛肉本身的香味，而且比排骨更鹹。

▼ 枸杞葉豬紅湯（￥30）
豬紅很嫩滑，不過湯水也是偏鹹。

▲ 純排骨（￥14／小份）
由於這裏最出色的始終是排骨，所以當天見到不少本地人都只是點 1~2 份小份排骨，配上白飯，就是簡單的順德風味 Brunch。

生記飯店

- **地** 興華西路 93 號 2 號樓首層
- **時** 11:00~14:00、17:30~20:30
- **交** 城軌容桂站轉乘 328 路巴士至容邊居委
  會站，步行 200 米。或城軌容桂站轉乘
  324 / 327 / 392 / 988 路巴士至容邊站

生記多年來只專心做好 11 道菜，務求令每道菜的出品均做到最好。不過其實 11 道菜裏有些菜式可能會令人卻步（例如牛鞭、牛歡喜，甚至我極之反對的狗肉），但由於其他菜品甚具特色，而且水準很高，所以還是想介紹一下，讓大家自行決定是否光顧。

◀▲ 路邊雞（￥48 / 半隻）
其實即是鹽水雞，皮嫩肉滑，烹調技藝十分出色。
可能由於順德人喜歡吃甜，這道菜也帶有甜味，不
會只有死鹹，亦令雞味更突出，讓人欲罷不能！

▼➤ 鳳城野雞卷（￥48）
源自大良，一道快要失傳，經典順德菜「粗料精造」
的菜式。雖然叫「野雞捲」，但並非用雞肉製作，而
是用肥瘦豬肉各一塊，捲成像瑞士卷的形狀，切片再
炸。由於肥肉佔約一半，加上經過油炸，所以油香味
超級重，當然也超邪惡，吃兩三塊就已經膩了，追求
健康飲食的現代人普遍難接受。加上工序繁
複，也難怪市面上越來越
少餐廳做這道菜。

➤ 銀芽肉絲炒麵

◀ 竹腸蒸排骨

逢簡水鄉
①

二環路

放大圖

雪松
梁公祠

閱生活
夏回咖啡　雜貨舖　　貞姨芝麻糊
　　　　　　　　　　蒸豬坊
祥勝橋　進士牌坊　私房菜館

祥鳳
李榮記
餅家

粵暉花園　　　　　　　　覺妙淨院

逢源路

遊船客運
碼頭

李禧記

雙橋
維記　美食店
便利店

一舍客棧

蓮姐美食

二環路

藍玉軒

工業橫四路
麥庄大街
逢簡大道
槎洲街

順德支流水道

二環路

● 新牌坊
飯店

勝記
飯店
●

德慧路

南園西路

杏壇交通｜鐵路 + 巴士 / 的士 / 網約車

廣州南站	廣州地鐵 7 號線 → 北滘公園站 佛 K990 路巴士 →	杏壇
	的士 / 網約車（約 50 分鐘，約 ￥80）→	
地鐵大良鐘樓站	的士 / 網約車（約 20 分鐘，約 ￥40）→	

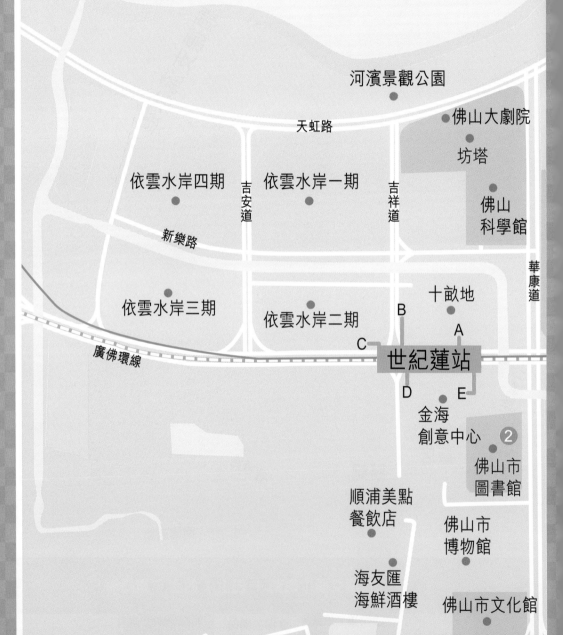

東平水道

河濱景觀公園

佛山大劇院

坊塔

天虹路

依雲水岸四期　依雲水岸一期

佛山
科學館

吉安道

吉祥道

華康道

新樂路

十畝地

B

A

依雲水岸三期　依雲水岸二期

C

世紀蓮站

廣佛環線

D　E

金海
創意中心

②

佛山市
圖書館

順浦美點
餐飲店

佛山市
博物館

海友匯
海鮮酒樓

佛山市文化館

② 嶺南方言文化博物館

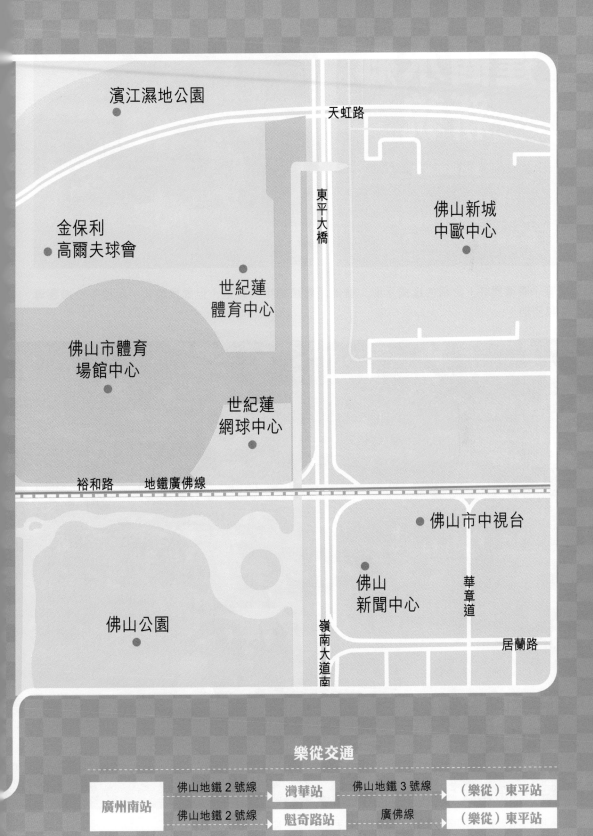

濱江濕地公園

天虹路

東平大橋

佛山新城
中歐中心

金保利
高爾夫球會

世紀蓮
體育中心

佛山市體育
場館中心

世紀蓮
網球中心

裕和路　　地鐵廣佛線

佛山市中視台

佛山
新聞中心

華章道

佛山公園

嶺南大道南

居蘭路

樂從交通

| 廣州南站 | 佛山地鐵 2 號線 | 灣華站 | 佛山地鐵 3 號線 | （樂從）東平站 |
| | 佛山地鐵 2 號線 | 魁奇路站 | 廣佛線 | （樂從）東平站 |

逢簡水鄉新貌

著名嶺南水鄉

地 杏壇逢簡村

交 巴士站逢簡村委員會路口

🕐 建議遊覽時間：3 小時

有「順德周莊」之稱的逢簡水鄉，雖然距離順德市區較遠，但風景怡人，吸引不少遊客專程到訪。

▲ 除了步行遊覽，也可選擇乘坐這種很有特色的手搖烏篷船，從水上角度欣賞美景。

▼ 景區也有眾多歷史建築及橋樑，因與以往變化不大，這裏不作深入介紹。

▼ 逢簡最大賣點是「小橋流水人家」的嶺南水鄉風貌。由於景區範圍很大，加上區內水道及小徑縱橫交錯，初次到訪的遊客很容易迷路，因此景區近年於各個重要路口增設了不少路牌及地圖，方便辨認方向。

▲ 2015 年重建的進士牌坊是逢簡最顯眼地標，也象徵逢簡是個人傑地靈的地方。後方的逢簡直街近年已發展成小吃街。

閱生活雜貨舖

地 逢簡直街 42 號
時 09:00~19:00

▼ ➤ 一家開在進士牌坊旁古建築內的文創雜貨店，售賣各式家居用品、擺設、手作皮具、實木家具等等，當中有些貨品更是在坊間較為罕見。

▲ 雖然開在景區內，價格卻不會很離地，很適合喜歡收集精緻工藝品的人過來尋寶。

▲ 這裏也是一間咖啡店，可以坐在靠窗的位置靜心欣賞水鄉景色。不過其實我更喜愛下文介紹的夏回咖啡。

夏回咖啡

地 嘉厚街 3 號
時 10:00~22:00

▶ 在進士牌坊對岸的夏回咖啡，同樣是開設在青磚瓦頂的小屋內。

◀ 山茶仙子純茶（￥20）
招牌產品是各種茶飲，老實說味道不算十分出眾，但其包裝真的非常特別，因為在膠杯外還套有一個竹製的迷你「豬籠」，除了可作有手挽的杯套，喝完還可以帶走留念。

▲ 靠河邊有一個大露台，除了可以看到進士牌坊，亦可看到牌坊對出，始建於宋代的巨濟橋。加上露台佈置簡樸，在這裏喝杯飲料，霎時有種穿越到古代的感覺。

蒸豬坊私房菜館

地 高翔坊四巷 10 號　**時** 11:00~19:00

◀ 有別於逢簡其他餐廳會有光鮮的店面和豐富的菜品照片放在門外當眼處，這家蒸豬坊的門面甚至不像一家餐廳。但由於門口阿姨熱情且親切的招呼，令我決定試試它的出品。

▶ 先説它的小缺點，中午時段只開放靠河邊的數張枱，夏天來的話沒有冷氣，只能靠風扇乘涼，比較辛苦。（圖為下午休息時分拍攝，枱椅已收起）

▶ 由於乳豬脂肪較少，加上經醃製及蒸煮後令肥肉變得十分爽口，一點也不肥膩。超濃的酒香與五香粉香氣亦令豬肉香味昇華，絕對會令你「好食到停唔到口」！

◀ 祖傳蒸豬（￥38 / 中份）
源自杏壇南方的均安。或許是因為均安沒有甚麼人氣景點，而逢簡水鄉已是均安周邊名氣最大的一個，所以這裏幾乎每家餐廳的招牌菜皆是這道菜。

▶ 拆魚羹（￥48）
顧名思義是將魚拆骨起肉，連同節瓜絲、韭黃、蛋絲、粉絲等煮成湯羹。魚肉的鮮味與節瓜的甜味相得益彰，而且分量十足，很划算。

▲ 傳統做法是將整隻乳豬拆骨，再用酒、鹽、五香粉和多種中藥香料醃製，放入杉木製的蒸箱用大火蒸熟，撒上芝麻而成。近年很多餐廳為節省成本，多直接用塊塊乳豬五花肉製作。（圖為逢簡直街上其他商戶製作均安蒸豬的過程）

貞姨芝麻糊
（又名：無厘頭 X 芝麻糊）

地 高翔村東邊街 6 號　　**時** 09:00~16:00

▲ 説到逢簡近年在網絡上最紅的店舖，就不得不提「貞姨芝麻糊」。這家店最大賣點其實不是它的出品，而是主理人貞姨，因她每句話都會包含粗口 XD！即使簡單問你想吃甚麼，也會説「想食乜 X？」早前甚至吸引日本電視台一個介紹廣東話粗口的節目，專程越洋過來採訪她呢！

▲ 雖然貞姨粗口橫飛，但她不但完全沒有惡意，甚至是一位很慈祥的阿姨呢！當天吃完我走過去跟她説拜拜，並輕輕拍她膊頭祝她身體健康，她便跟我説好，然後轉過頭向身旁其他食客説「咁 X 好嘅嘰仔」，霎時全枱食客大笑。得到貞姨用粗口讚賞，我也心滿意足地離開了。

▲▼ 花生芝麻糊（￥6）
雖然貞姨的花生芝麻糊只是純手工用陶擂缽研磨，帶有明顯顆粒感，沒有香港常見的機磨芝麻糊幼滑，但花生和芝麻味超級香濃！￥6 一碗 CP 值真的極高。

▲ 除了招牌芝麻糊，還有賣雙皮奶、涼粉、綠豆沙及雞蛋花茶。午飯時間貞姨通常會小歇一會，睡醒再繼續營業，如果來到發現沒開門，可以晚點再過來。

▼ 逢簡有不少糖水舖，除了貞姨，雙橋美食店是另一家比較有名氣的。

雙橋美食店

地 逢簡村根大街一巷 1 號（即逢簡小學正門口右轉第二間）

時 09:00~21:00

◀ ▲ 芝麻糊（￥4）
這裏的芝麻糊較貞姨便宜，而且是用石磨磨的，但芝麻香味較淡。

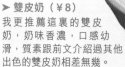

▶ 雙皮奶（￥8）
我更推薦這裏的雙皮奶，奶味香濃，口感幼滑，質素跟前文介紹過其他出色的雙皮奶相差無幾。

◀ 另外我認為這裏還有兩個賣點，一是可以趁着磨芝麻的老伯休息時，問他借個石磨擺拍一下。

▶ 二是這裏鄰近始建於清朝的金鰲橋，可以坐在河邊，背着古橋邊吃甜品邊打卡，也是一種樂趣。

勝記飯店

地 杏壇鎮雁園工業區 A 座 C10 號
時 11:00~14:00、17:30~21:00

▲ 價格實惠，出品不錯，而且有不少特色菜品。

▲► 蕉蕾粥（￥25 起）
蕉蕾即是香蕉的花蕾，據說有下火怯濕的功效。切絲後與勝瓜絲、雞絲、魚肉碎等放進粥裏煮，口感豐富，鮮味十足。重點是便宜得十分驚人，如此大盤竟然只需￥25！

►▼ 鴨下巴（￥43）
炸過的鴨下巴，淋上秘製甜豉油，味道有點像上海菜燻魚的醬汁，但豉油味較重。肉質帶點嚼勁，用來配粥或送酒一流。

▲ 椒鹽排骨（￥48）
外脆內嫩，帶點微甜及微辣，十分惹味。

嶺南方言文化博物館

重新認識廣東方言文化

- **地** 佛山新城華康道 11 號佛山市圖書館新館五樓南區
- **時** 週二至日 09:00~17:00
- **休** 週一
- **費** 免費
- **交** 地鐵廣佛線世紀蓮站 E 出口步行 250 米
- 🕐 建議遊覽時間：1 小時

開在佛山圖書館新館內的嶺南方言文化博物館，絕對是此書各博物館之中我最喜愛的一個！除了因為展覽互動效果很好，也能學習不少知識，更重要是有不少內容對港人來説很有共鳴感。

這裏主要介紹廣東省內最多人使用的三種方言：粵語（廣東話）、客家方言和閩方言（潮州話），以及與語言相關的獨特文化。由於展覽內容十分豐富，這裏只列出少部分我印象最深刻的內容。

◀ 進去參觀前，你可以先在門口櫃枱以回鄉證登記，免費借用這支造型像迷你大聲公的點讀筆。

▶ 展覽內大部分字詞旁均有個耳朵圖示，用點讀筆碰一碰，就可以聽到字詞的標準讀法。

▲ 與「食」有關的廣東話用語。例如我最怕食的「檸檬」、「白果」與「死貓」XD。

◀ 由研究廣東話的學者錄製的廣東話童謠。隨着時代變遷，這些童謠會否漸漸被遺忘？

◀ 清同治元年出版的英語學習書籍《英語集全》，裏面用廣東話標注了眾多英文字詞的發音。這套書一共六冊，並且已完全轉換成電子書，供參觀人士翻閱。這是有關英文數目的一版，你覺得標音準確嗎？

▶ 我家鄉位於潮州，不過在香港出生，「識聽唔識講」潮州話，所以對介紹潮州話的部分也很感興趣。

◀ 廣東話如何影響世界上其他語言呢？英語中的「點心」、「茄汁」、「風水」等，也是源自廣東話。

附近景點

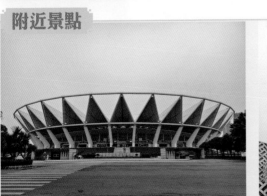

◀ 博物館所在的東平新城（又名佛山新城），與禪城石灣隔江相望。區內設有多座市級場館如城規館、科學館等。當中外形最獨特是世紀蓮體育中心及坊塔，兩者皆為佛山新地標，可順道打卡。

MAP

三水森林公園

④

二廣高速

324
國道

西南

③ ① 文塔公園

三水二橋

三水大橋

南廣鐵路

三水南站

廣昆高速

西江

新時代
購物廣場

白坭

⑤
⑥

❶ 河口百年火車站主題公園 ❷ 江邊倉‧1982 創意街區 ❸ 醋意無限 ❹ 常臨居 ❺ 創意良倉
❻ 西江院子 1511

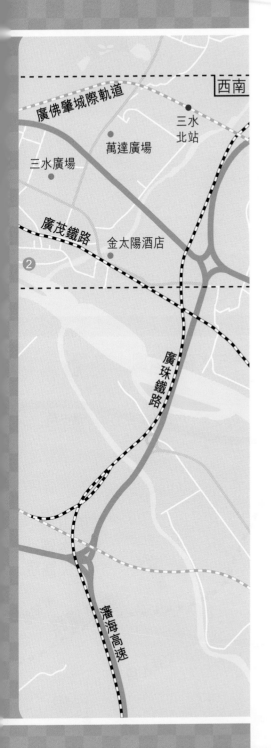

廣佛肇城際軌道

西南

三水
北站

萬達廣場

三水廣場

廣茂鐵路

金太陽酒店

②

廣珠鐵路

潘海高速

三水區

地處西江、北江以及綏江三江交界，所以被稱為「三水」。為防河水氾濫，區內沿江邊設有超長且高聳厚實的大堤壩，形成三水獨有的景觀，亦吸引不少影視作品前來取景，如 2024 年年初熱爆的電影《熱辣滾燙》。

三水自古是交通要塞，除了水路交道發達，亦是廣東省歷史上第一條鐵路廣三鐵路的總站。時至今日三水仍是佛山兩個設有高鐵站的區分之一（另一個是南海區），可由香港西九龍站乘坐高鐵直達三水南站。

三水交通：建議召喚網約車前往。

① 河口百年火車站主題公園 ② 江邊倉・1982 創意街區 ③ 醋意無限 ④ 常臨居

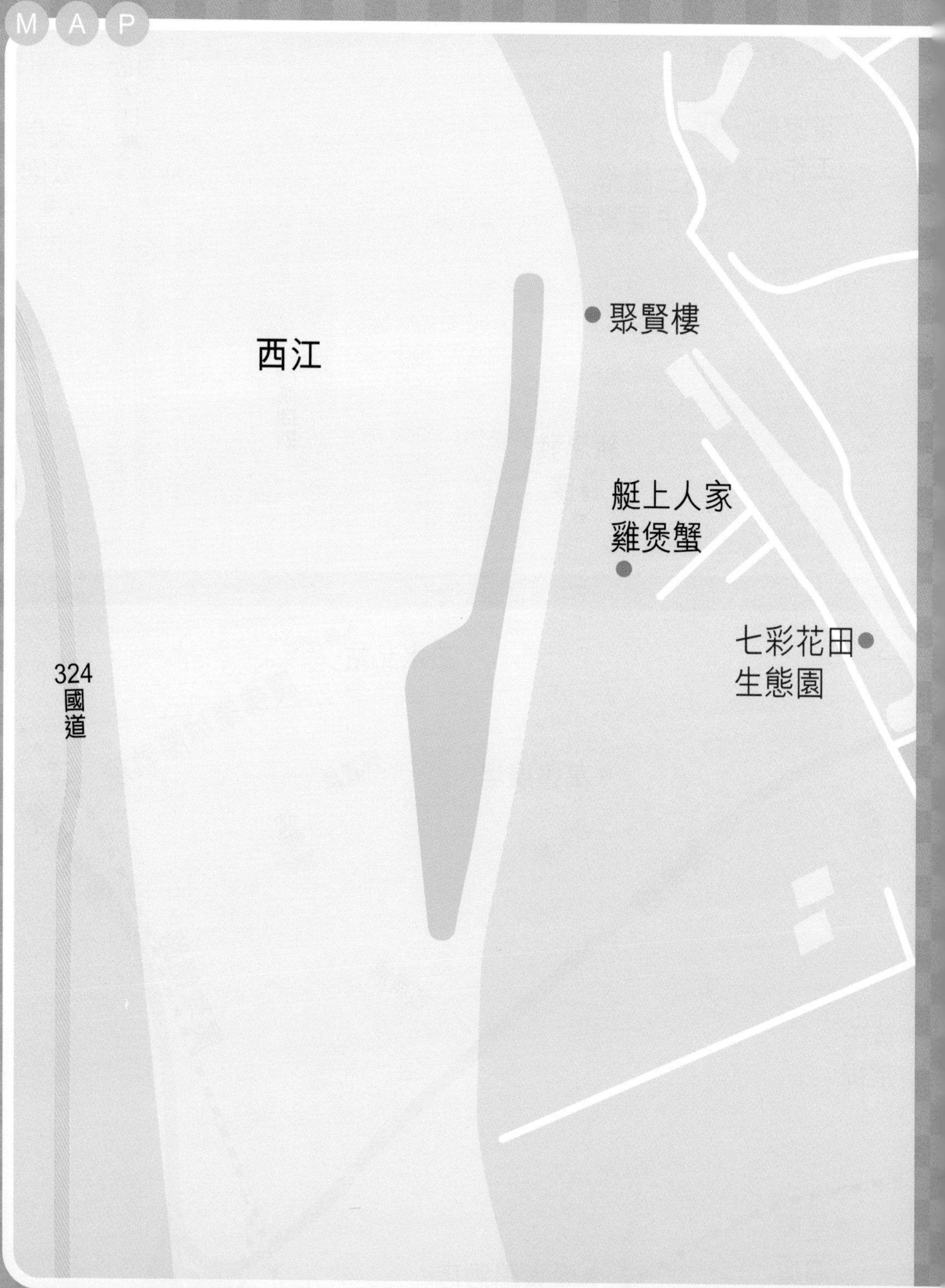

西江

聚賢樓

艇上人家
雞煲蟹

七彩花田
生態園

324
國
道

◀ 當然還有各種古老火車零件，鐵路迷千萬別錯過。

▲ 各種廣告，可見民國時期已有坐火車旅行及購買土產作手信的概念。

▲▶ 三水火車站復原場景，很適合打卡。

◀ 除了廣三鐵路，展館亦花了不少篇幅講解孫中山、詹天佑及梁士詒對近代中國鐵路發展的影響，適合有興趣了解近代史的人士。

▲ 車站大樓對出保留了一段鐵路路軌，上面停泊了一架蒸氣火車頭及三卡綠皮火車車廂。

▲ 比較可惜的是車廂內部設備已全被拆走，遊客也不可走進裏面打卡。

傳統民俗疍家船工作坊

在歷史展覽館大門對面是「傳統民俗疍家船工作坊」，售賣全手工製作的木製疍家船模型。

➤ 製作的老師傅其實以往是做真正可載人的疍家船，所以這裏賣的雖然說是「模型」，內部結構卻與大船無異，像真度極高！而且價格一點也不貴，最便宜的只需幾百元。

▲ 你甚至可以在門外看到老師傅手製的過程呢！

小貼士

逛完百年火車站，可以順道逛逛附近的文塔公園，裏面有一座建於明代的魁崗文塔。此塔雖比順德青雲塔稍矮，也略欠精緻裝飾，卻是以修舊如舊的方式保育，更顯古韻。

江邊倉
1982 創意街區

電影《熱辣滾燙》取景地

建於 1982 年的江邊倉創意街區，是由 4 棟 3 層高、圓桶形的瓦頂糧倉，以及周邊一些舊建築活化而成。雖然建築外觀很獨特，但現時出租率極低，除了早上可以過來打打卡，和晚上逛逛夜市外，沒甚麼吸引人的地方。

🔴 地 沿江西路與中山西路交叉口西北 20 米

🕐 建議遊覽時間：0.5 小時

▲ 江邊倉鄰近北江江邊，為防河水氾濫，三水連同周邊城市沿江邊興建了一條超過 63 公里長、約兩層樓高的堤壩——北江大堤。

▲ 堤壩上面及附近空地種滿小草，除了成為三水的著名打卡勝地，也是不少影視作品的取景地，包括 2024 年打破內地賀歲檔期票房紀錄的《熱辣滾燙》。

▶ 想找到女主角瘦身後第一次與男主角見面的位置，模仿劇照打打卡？可以用地圖搜尋「友幸小館」，由江邊倉走過去大約需時 5 分鐘。

▲ ▶ 友幸小館是一間裝修很溫馨的日式 Cafe，可以在這裏點杯飲品，坐在戶外座位，望着大堤的草被，有種置身動漫場景的感覺。

西南美食推介

臭屁醋

- 店 醋意無限
- 地 車仔路狼牙野戰俱樂部對面
- 時 10:00~14:00、17:00~20:30

喜愛吃臭豆腐或螺螄粉，無臭不歡的你，一定要試試同樣臭名遠播的三水特色美食「臭屁醋」！臭屁醋經過發酵形成類似臭豆腐的臭味，據說有軟化血管、消除多餘脂肪、治療消化不良等功效，所以又名「長壽醋」。三水人通常會用來煲湯或者打邊爐。

剛好在河口百年火車站附近就有一家主打臭屁醋火鍋的餐廳「醋意無限」，就順道過來試試。

▼ 臭屁醋湯底（￥25）
湯底很簡單，除了醋，就只有大量黃豆及薑片。由於我那天坐在戶外位置，通風很好，所以不太覺得臭。喝起來酸酸的，帶點像臭豆腐的發酵香味，很香也很開胃。

▲ 醋意雞（￥90/隻）
這裏最招牌的是走地雞，即叫即劏。肉質很結實，牙力不好的人可能比較難咬開，不過雞味真的很濃！

➤ 糯米飯（￥9）
糯米飯也是招牌之一。除了臘肉，還有紅蘿蔔和香菇粒，超足料，入口香氣滿滿。

◀ 常臨居有 7 種口味鍋底，問過店員，最招牌的是牛骨清湯，裏面有一大塊牛脆骨及牛筋。不過粟米及紅蘿蔔的味道較濃，有點蓋過了牛骨鮮味。

牛肉火鍋

店 常臨居
地 林海尚都 1 座 1-105 舖
時 09:00~14:00、17:00~21:00

相信不少「牛魔王」都喜歡到內地吃潮汕牛肉火鍋，而其實三水的牛肉火鍋也是當地的特色菜。這次我試吃了網上評價較好的「常臨居」。

▲ 當然也有常見的牛肉部位，例如雪花牛肉。三水的牛肉不像潮汕的講求新鮮，牛肉血水比較多，感覺像冷藏過的，也切得比較碎。牛味比較淡，勝在仍然嫩滑彈牙，而且真的很便宜，一大碟雪花牛肉只需 ¥32！比起潮汕的便宜了一半左右。

▲ 三水與潮汕的牛肉火鍋最明顯的分別是能吃到的牛部位有很大不同。潮汕的雖然有很多牛肉部位，卻鮮有提供牛內臟；三水的則是主要吃各種牛內臟，連牛胎盤、牛荔枝（即牛乳腺）都有！

◀ 牛腩（¥36）
追求牛味的話，切得比較大片的牛腩會是更好的選擇。

➤ 牛三星（¥28）
常臨居給我的感覺是服務不夠貼心，例如點了一份牛三星（即牛心肝腰），卻只來了牛心及肝，店員也沒有主動向我解釋，追問後也沒有提供任何解決方案，只是回答：「係呀，今日冇腰。」

▲ 配搭的醬料不是沙茶醬，而是芹菜粒、豉油及食油，還有最特別的薑蓉，也是我第一次用薑蓉配上牛肉一起吃，很奇妙。

創意良倉

水鄉農業主題景區

📍 府前路 23 西北方向 120 米

🕐 建議遊覽時間：1.5 小時

近年銳意發展旅遊業的白坭鎮，有多個景點相繼落成。雖然每個景點都是比較小型，但各景點之間距離不算遠，形成「佛山文創古鎮」，特別適合踩單車或自駕遊。當中有不少景點均位於創意良倉內。

之所以叫做「良倉」，是因為這裏有四棟舊糧倉。雖然較前文介紹的江邊倉矮小，但已被成功活化為藝術空間，據說會不定期舉辦各種展覽。可惜到訪當日暫時未有新展覽，未能進入參觀，只能在外圍打打卡。

糧食博物館

地 工業大道與防汛路交叉口北 40 米

時 09:00~12:00、14:00~17:00

費 免費入場（須以微信掃碼登記）

樓高 3 層的糧食博物館是整個古鎮最吸引我的景點，前身為始建於 1958 年的糧食加工廠。由於糧食加工的機械十分巨型，有部分甚至與建築結構相連，所以即使經過翻新，這些加工機仍然被保留下來，穿插在整個博物館之中。博物館亦有解釋各個設備的功用，有助了解穀物加工的步驟。

鐮刀

農村收割庄稼和割草的農具，由刀片和木把構成，有的刀片上帶有小鋸齒，一般用來收割稻谷。

▼ 古代的農產品加工器械。

▲ 博物館亦有介紹關於耕作的基本知識，例如常見的各種穀物。

▲ 古代農耕器具。旁邊的説明文字竟然是由書法家直接在白牆上書寫，加上器具擺放方式亦充滿美感，簡直就是一幅巨型藝術品！

➤ 也有講述糧食對中國近代史的影響，例如介紹何為糧票等各種政策。這些歷史對我來説很陌生，真是令我大開眼界！

▲ 還原改革開放前的國營糧店場景。

創糧糖水舖

地 工業大道 3 號 M 座
時 10:00~23:00

▲ 糧食博物館門口對出有一家網上評價不錯的糖水舖。

▲▶ 香滑雙皮奶（￥13）
雖然名叫「香滑」，其實對比順德的雙皮奶還是有一點黏口，勝在奶味香濃，奶皮夠厚，而且設於景點旁價格仍然相宜。

◀ 招牌薑撞奶（￥15）
薑汁分量很足很夠辣，特別是到訪當天轉冷兼下雨，吃完後寒意盡消，很舒服。

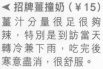

五人龍舟博物館

費 免費入場

相傳唐朝時，禾艇是三水主要的交通工具，農閒時村民常常進行划船比拼，久而久之賽禾艇就演變成賽龍舟。近 20 年，白坭鎮每隔兩至三年就會舉辦一次大型龍舟賽，更被譽為白坭人的「奧運會」。想深入了解白坭龍舟，可以參觀糧食博物館旁的五人龍舟博物館。

▼ 另外比賽距離也較香港的長很多，甚至長達 20 多公里，因而被稱為「水上馬拉松」。

2023年10月1日，"賽龍爭錦途西江 奧標爭先耀灣區" 2023年粤港澳大灣區（三水·白坭）
流入發角公開賽在白坭鎮西江沿岸新碼頭水域擂鼓開賽。

▲ 有別於香港的龍舟每艘可坐 12 或 20 名選手，白坭的龍舟只可坐 5 人。

龍舟船頭的龍頭牌、龍船鼓及龍頭造型。

▲ 由於長途比賽需要消耗大量體力，所以在比賽中段，各隊的補給隊員甚至會跳進水中，為自己隊友遞粥遞水呢！

白坭有禮

地 工業大道與防汛路交叉口西北 20 米

▲ 在馬路邊還有這家手信店，可以購買白坭的特產，例如酒、醬油、飲品等。

▲ 不同風味的麵條。

▲ 如果你有力氣，甚至可以抬些食油及大米回去！

白坭近年開始發展漆藝文化產業，這裏有售賣少量漆器。

其他附近景點

七彩花田生態園

址 白坭鎮工業大道西江公園對面
時 09:00~19:30　費 免費入場

▲ 這裏不但免費入場，還可以在門外以較高角度一覽整片花海，是其他花田少有的體驗。可惜這次三水之旅天氣不佳，拍照效果較遜色。

聚賢樓

址 白坭沙圍村西江基圍
時 09:00~12:00、14:00~17:00
費 免費入場

▶ 沿七彩花田對出馬路向西江江邊走十多分鐘，就來到一座由泵站改建，以鋁合金建材建成的仿古觀景塔聚賢樓。據說是可以登上塔樓，俯瞰西江兩岸景色。可惜開放時間十分短，而我當日來到剛巧錯過了。

▲ 顧名思義就是一大片花田，不同季節會種植當季花卉，例如春天會種滿油菜花。

➤ 另外還可乘坐小火車環遊花田，每人￥20/次。

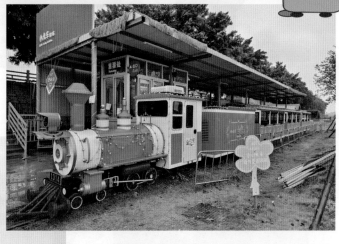

▲ 在聚賢樓與七彩花田之間，有一條西江河鮮美食街，街上約有 5 至 6 間主打河鮮的酒家，愛吃河鮮的話可以在這邊用膳。

西江院子 1511

古墟新晉美食街

地 白坭鎮人民中街 38 號

時 建議遊覽時間：0.5 小時

距離糧食博物館不到 5 分路程的西江院子 1511，是一個在疫情期間大翻新的古墟，現時進駐了一些餐飲店舖，方便遊客過來填飽肚子。

泥 · COFFEE

時 10:30~00:00

人氣最高的是這家開在青磚瓦頂小屋的咖啡店，雖然地方不大，但據說出品不錯，所以很多人會逛完糧食博物館後順道過來。

這杯加入了芝麻糊，呈灰白色雲石紋理，很適合拍照的水泥咖啡，就連我這個不懂咖啡的人都覺得焦香味很濃，很好喝！

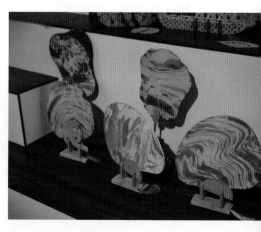

▲ 這裏也有擺放一些漆器，不過只供觀賞，不設銷售。

鄧氏大宗祠
（中國漆藝展示館）

時 週二至日 10:00~12:00、
14:00~17:30

休 週一

費 免費入場

雖然咖啡店附近的鄧氏大宗祠也被改建為漆藝展示館，不過如果你想深入了解漆藝，來白坭暫時不是一個很好的選擇。除了因為這個展示館比較簡陋，其實整個古鎮有多間掛着「漆器店」招牌的商舖，不過我沒見過任何一間有開門營業。

我還特意花了 10 分鐘走到據網上介紹可以體驗漆藝的白坭國漆工坊。雖然當天是星期日，理應是遊客較多的日子，但是這裏竟然是重門深鎖！

旺林藝術
花園
⑤

恒大世紀
夢幻城

莞佛高速

⑥
瘦身魚
農莊

華康山生態
旅遊渡假區

珠三角環線高速

⑦

楊西大道北

④

廣台高速

明城廣場

東門圩
1475

美的鷺湖
森林渡假區

合和大道

④ 佛山花田喜事農耕創意樂園 ⑤ Lavender 1922 農場部落 ⑥ NutCamp 堅果露營地
⑦ 稻田火車 • 火車餐廳農家樂

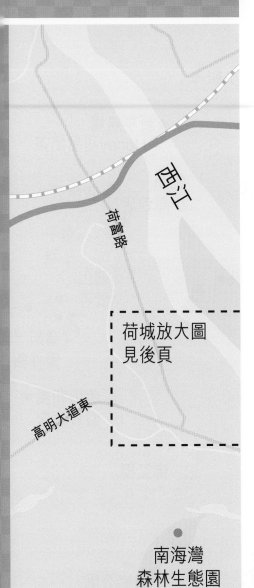

西江

荷富路

荷城放大圖
見後頁

高明大道東

南海灣
森林生態園

高明區

請恕我孤陋寡聞，在寫這本書之前其實我對高明不甚了解，但來過好幾次之後，我卻深深愛上這個地方。這裏雖然是佛山各區中經濟發展最緩慢的地區，卻亦因此保留了不少郊野自然環境，不但可令人忘卻都市的忙碌生活，當中不少景色更令我驚嘆不已！

另外高明區農業發達，是著名的魚米之鄉，盛產粉葛、堅果等農產品，薩琪瑪、瀨粉等也是到高明必買的手信。內地著名醬油品牌海天的總部亦是位於高明區，來到記得試試它的醬油雪糕！

高明交通：建議召喚網約車前往。

粵來順酒樓

哆哆小館

新亨廣場
Honey甜品奶茶

佛山博藝
酒店

杭州
小籠包店

包粥公

金平
牛雜

大西裝

鶴山
雲吞

躍華路

中山路

泰和路

❷ 順姐
煲仔飯

佛山和風
假日酒店

大戚飯店

滄江路

佛笑樓

飛鳥公園

盈信廣場

七星崗公園

馳名
雞煲蟹

高明大道東

❶ 濱荷 Park 生態文創園 ❷ 甘泉街 ❸ 昆仲相機博物館

明小店

陶柿店
①

蓮花市場

荷城公園

西江

滄江路

高明
影劇院

沿江路

靚記瀨粉
鑫鑫豆腐花

君悅酒店

文華路

③ 靈龜園

高明錢幣
博物館

唐代
龍窯遺址

石岐小學

668
燒雞

九記
超級燒

揚明深井
燒鵝皇

華盈廣場

金昌牛雜大王

重慶
石鍋魚

食在有點味

明理路

荷香路

發記炭燒牛肉

濱荷
PARK
生態文創園

沿江邊而建的文創園

地 荷城街道沿江路 558 號

🕐 建議遊覽時間：1~3 小時

位處西江邊，園內設有多間單幢獨立屋式餐廳及咖啡茶飲店。這些獨立屋大多有 2 個共通點——除了都是兩層高，面向江邊的方向都是用上巨型落地大玻璃，讓你可以一邊享用餐飲，一邊欣賞西江的江景。由於這裏剛好正對着西江上一個尚未城市化的島嶼平沙島，島上大多是農田，視野特別開闊；天氣好的話更可遠眺前文介紹過的西樵山，以及山上宏偉的南海觀音雕像。對着這個美景用餐，絕對令人感到心曠神怡。

▲ 這裏也有幾家充滿異國情調或鄉村格調的網紅餐廳，例如這家帶點南法花園元素的西餐廳。

▼ 這家東南亞餐廳的裝修有點像新加坡著名的 P.S. café。

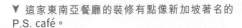

▼ 江邊的美食街設有數十個小吃攤檔，據説是高明區其中一個比較大型的夜市。不過攤檔大多要入夜後才營業，拍攝當天時間比較早，所以顯得有點冷清。

▲ 靠近美食街盡頭的位置，旁邊小機房的牆身被髹上龍貓壁畫，像真度極高，是濱荷 PARK 最受歡迎的打卡位。

▼ 也設有較長但坡度較平緩的彩虹滑道。

▲ 旁邊還有兩個遊樂場，其中一個免費入場，每個項目獨立收費，設有多座大型機動遊戲，比較簇新之餘收費也算合理，甚至有部分設施尚在搭建中。

▲ 另一個遊樂場則以沙池作主題，需付費入場，可以説是戶外版的 Playhouse。

明小店

兩層高的明小店，樓下是手信店，專售各種高明特產，當中以高明最盛產的農產品為主。

▲ 高明的粉葛及瀨粉均十分著名，這裏就有賣加入粉葛的瀨粉。

➤ 也有出售後文介紹的大西裝盒裝馬仔。

➤ 蘋果醋雪泥（￥9.9）

著名醬油品牌「海天」的廠房正是位於高明區內，這裏當然有賣在西樵山介紹過的豉油味雪糕啦！不但不用先關注公眾號也能以優惠價￥9.9購買，而且還有另一款口味——蘋果醋雪泥（即雪芭）。雪芭幼滑，蘋果味香濃，甜味和酸味均衡，我甚至覺得比豉油味雪糕更出色呢！

▲ 葛有所愛——碌葛輕牛乳（￥18）

明小店樓上是一家奶茶店，售賣創新且富有高明特色的茶飲。例如這杯「葛有所愛」，顧名思義是粉葛味道的牛奶。雖然未見有加入粉葛蓉，但仍能喝到粉葛頗重的甘甜味道。加上粉葛有生津解渴之效，很口渴的話這杯是不錯的選擇。

◄ 無傷肝檸檬茶（￥18）

由於小弟為寫這本書經常「捱夜」，所以更愛這裏的「無傷肝」系列——即是加入了雞骨草的各種咖啡及茶飲。雞骨草的甘苦味道不但能與茶味完美結合，更能將檸檬香氣昇華，很有驚喜！

▼ 既然店名是廣東話「陶瓷」的諧音，當然可以給大家體驗陶藝啦！這裏最特別是以用木柴作燃料的仿古明火龍窯燒製陶器，在體驗區正中央就可以看到這座以磚頭搭建的古龍窯。

崗山窯維美畫室 ● 陶柿店

時 週一至五 15:30~22:00
週六日 10:00~22:00

佛山自古盛產陶瓷，除前文介紹位於禪城區的南風古灶，高明區西江江畔靈龜塔旁的崗山亦有一唐代龍窯遺址。為推廣高明區的古代龍窯文化，濱荷 PARK 開設了崗山窯文化體驗區，內設數家文創商店，供大家體驗各種傳統手工藝，當中又以位於大門旁的「陶柿店」最受歡迎。

▼ 所以這裏最受歡迎的手作體驗其實是替石膏公仔上色，視乎公仔大細只需 ￥9.9 起，而且成品還可以立刻帶走！到訪當天雖然是平日傍晚，但仍有 4 個人體驗這個項目，可見有多受歡迎。

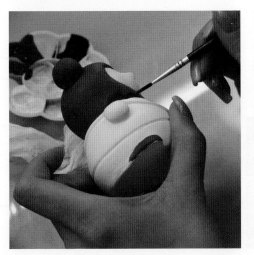

▲ 在這裏玩陶的價格不但較南風古灶划算，而且可以製作色彩更豐富的作品。不過我問過負責人，要完整體驗整個陶藝製作，你需要先來拉坯，然後待作品風乾，大約 3 天後再回來上釉；最後還要排開窯燒製的檔期，幾天之後才能回來拿成品，對遊客來說比較麻煩。

甘泉街

高明必到小吃街

🕐 建議遊覽時間：2 小時

甘泉街及附近的橫街窄巷是高明著名的美食街，有多間很受當地人歡迎的餐飲小店，因此近年高明銳意將這裏發展成景點。除了為該街區進行全面的翻新工程，增添不少方便遊人的指示牌，以及吸引遊客打卡的壁畫外，更推出「荷小店」品牌，向遊客推介甘泉街及周邊著名的餐飲小店。

金平牛雜

🏠 梅花園西南門

這裏的牛雜切成小塊，然後按部位分開穿成一串，想吃哪個部位就自己夾哪一串。雖然不是明碼實價，但我隨便挑了 6 串，加起來才 ¥14。滷汁很香，八角味特別重，十分出色，難怪試吃當天顧客絡繹不絕。只可惜牛雜口感稍為韌，不然我會更愛這家店。

鑫鑫豆腐花

🏠 水仙巷 28 號
🕐 12:00~22:00

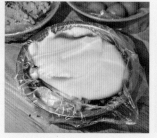

➤ 豆腐花（¥3.5、¥4.5 或 ¥5.5 / 份，圖為中份）
豆香味不是特別濃郁，也只可配搭薑汁糖水，沒有黃糖提供，但真的十分滑溜，甚至是我吃過最滑的豆腐花之一！

➤ 炸豆腐（¥5 / 小份）
充滿氣孔的小塊炸豆腐，連同雞湯一起煮，上面再放大量菜脯粒、蒜蓉、芫荽和辣椒粉。由於可以整塊放進口中，一咬下去首先會感受到爆汁感覺，然後滿嘴都是豆香味，很滿足！

➤ 咖喱魚蛋（¥5 / 7 粒）
以高明物價來說，它的魚蛋並不便宜，卻秒殺香港市面上絕大部分的咖喱魚蛋！不但口感超彈牙，也能吃到很重的鮮味，比得上潮汕魚蛋，加上適中的咖喱味，更錦上添花。

靚記瀨粉

址 梅花街 40 號　**時** 07:00~03:00

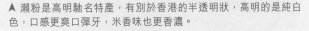

▲ 瀨粉是高明馳名特產，有別於香港的半透明狀，高明的是純白色，口感更爽口彈牙，米香味也更香濃。

▲ **招牌雜錦（￥16／小份）**
雜錦瀨粉裏面有 4 樣配料：牛腩、半肥瘦豬肉、炸魚肉及蛋絲，老實説用料比較一般，例如牛腩有點難咬開，也切得比較碎，但勝在分量驚人，我吃完小份已經有點飽了。另外滷汁有很重五香粉味，即使用料稍遜，我也覺得整體味道不錯。

◄ **豬雜粉（￥11／小份）**
豬雜夠新鮮，也沒有異味，如果追求用料好的話，這個會是更好的選擇。

鶴山雲吞

址 甘泉街稻花巷
時 06:00~21:00

◄ 在順姐旁邊的稻花巷有 3 間相連的雲吞麵店，「鶴山雲吞」是「荷小店」有介紹的一家。

➤ **淨雲吞（￥6／￥8／￥10／￥15份）**
由於當天已經吃到很飽，唯有點一份淨雲吞外賣回酒店吃。有別於香港的雲吞通常是指鮮蝦雲吞，內地的雲吞一般只有豬肉餡，比較細小，但價格也特別便宜，例如這盒 ￥10 的，竟然有超過 30 隻雲吞！而且用上帶筋的豬肉做肉餡，不但增添彈牙口感，肉味也更香，CP 值很高。

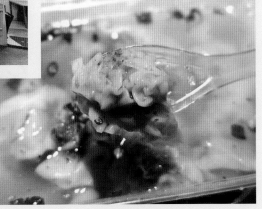

順姐煲仔飯

址 甘泉街綠色網吧後門
時 10:30~14:00、16:30~21:09

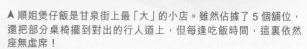

▲ 順姐煲仔飯是甘泉街上最「大」的小店。雖然佔據了 5 個舖位，還把部分桌椅擺到對出的行人道上，但每逢吃飯時間，這裏依然座無虛席！

▲ 這裏的下單方式很特別，在開放式廚房前面的凍櫃裏擺放了超過 30 款肉，只要跟負責下單的姐姐說你想吃哪幾款肉，她就會夾到小碗裏，然後拿到後面煮成煲仔飯。

▶ 這裏不是明碼實價，我也不清楚每款餸的具體價格，只知道點了 3 餸及 4 餸煲仔飯各一煲，一共 ￥50。一個煲仔飯二十多元，上面的餸菜居然能鋪滿白飯的表面，還附送一大束芽菜及任添的例湯，絕對是超・級・抵・食！

▼ 而且順姐的用料也不會很差，它的牛肉比下文介紹的幾家牛肉專門店還要好吃呢！只可惜這裏的肉切得比較碎，吃起來不夠過癮。

▼ 由於這裏是用上跟香港煲仔飯差不多大的真・煲仔，加上飯焦很容易刮，所以你可以輕輕鬆鬆把飯吃光光。吃完大約有 7 成飽，還可以吃吃剛才介紹的附近其他小吃。

▲ 吃煲仔飯最重要的當然是吃飯焦，而順姐的水準絕對及得上我在順德篇介紹的紅星光發。金黃色的飯焦，用匙羹輕輕一挑就能整塊刮出來，口感十分酥脆，並且吸滿餸菜的油香，好吃到停不了口！

昆仲相機博物館

國產相機博物館

地 沿江路 283 號靈龜園內

時 10:00~12:00、14:30~17:30

休 週一

費 免費入場

🕐 建議遊覽時間：0.5 小時

「昆仲」即「兄弟」，顧名思義這是一家由生於攝影世家的兩兄弟，共同創立的民營非牟利博物館。館內收藏了超過 1300 部國產相機、配件及地方珍貴歷史照片等，是藏品最豐富的中國國產相機博物館。

雖然世界上的相機市場早已被歐洲及日本品牌瓜分，現時國產相機品牌即使在內地也乏人問津，對港人來說大多更是聞所未聞；但假若你是攝影發燒友，也是很值得過來逛逛，館內展品時間跨度近 100 年，可以看到由清末至上世紀七八十年代相機的演變。

◀ 大家猜猜這個方形小盒子是甚麼？其實它是中國第一部國產相機。

▲ 這幾台木製相機雖然外形十分古樸，但其實直至上世紀 80 年代才退出歷史舞台。

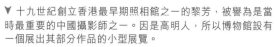

▼ 十九世紀創立香港最早期照相館之一的黎芳，被譽為是當時最重要的中國攝影師之一。因是高明人，所以博物館設有一個展出其部分作品的小型展覽。

◄ 這幅北京明十三陵的照片，以往做十三陵資料搜集時都見過好幾次。

附近景點

► 博物館位於一個名為「靈龜園」的公園內，園內小山丘上有一座始建於明代萬曆年間的靈龜塔。

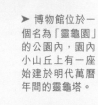

▲ 塔前的石龜雖然樣子有點漫畫風，但有新聞報道指它是屬受保護的文物之一。

▲ 靈龜塔與博物館之間，就是前文提及過的唐代龍窯遺址。

▼ 博物館後面還有一個高明錢幣博物館。

附近美食

▲ 高明有不少餐廳主打棟企雞，剛好在靈龜園對面就有一家比較著名的，那次就順道過去試吃。

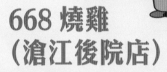

668 燒雞
（滄江後院店）

地 沿江路 298 號

時 10:30~14:00、16:30~22:00

➤ 燒雞（￥68）
這裏的棟企雞價格十分親民，兩隻更有優惠，只需￥108！由於是即叫即燒，非繁忙時間要等約 20 分鐘以上。

◀▲ 把雞腿撕開，肉汁像瀑布一樣奔流下來！嫩滑彈牙的雞肉，加上脆得像薯片的雞皮，以及簡單的調味，就能突顯雞肉本身的味道。吃過第一口，你就會覺得剛才的等待絕對是值得的。

大西裝
全蛋沙琪瑪

址 泰和路 490 號

時 09:00~22:00

在香港已經買少見少，每日新鮮製作的沙琪瑪（馬仔，¥11 / 小份），是高明必買手信之一。區內有多家馬仔專門店，「大西裝」是其中一家比較有名的。

▼ 不像預先包裝的口感會比較硬，新鮮出爐的馬仔十分鬆軟綿密，蛋味香濃，絕對會吃上癮！

▲ 馬仔保質期為 15 日，如果你想當作伴手禮帶回香港，這裏也有售賣精美的禮盒裝。

大戚飯店

址 荷城泰華路 219 號
時 11:00~14:00、17:00~02:30

由於高明於鄰近市區的地方設有牛屠房，所以可以在這裏以很便宜的價錢吃到新鮮牛肉。和潮汕人及三水人一樣，高明人也喜歡牛肉火鍋，大戚飯店是網上評價較好的一家。如果想吃到最新鮮的牛肉，建議於下午 5 點晚市開始營業就過來，因為牛肉通常在下午 4 點多送來。

▲▼ 牛焦（￥70／份）
高明人很喜歡吃「牛焦」（即牛䐹），也是大戚的招牌部位。新鮮的牛肉煮過後仍然帶點粉紅色，口感嫩滑帶有彈性。另外大戚的牛肉都是切得很大塊，喜歡大口吃肉的話應該會覺得很滿足。

◀ 花邊（￥80／份）
另一款招牌部位是花邊，即潮汕牛肉火鍋裏的吊龍。這個部位脂肪含量更高，牛味更重。不過據説大戚所用的是水牛肉，整體肉味會比潮汕牛肉火鍋常用的黃牛肉淡，卻勝在價格便宜。

◀ 粥底（￥15）
為了更清楚品嚐牛肉本身的味道，高明人比較喜歡用白粥作鍋底。

▲ 枸杞葉（￥25）
煮過牛肉後，粥底會吸收牛肉的鮮味，變成淺褐色。這時可以加一份枸杞葉進去，連同粥底一起品嚐。

➤ 如果想試試這家大戚，我建議多找幾個人一起吃，因為每碟牛肉都超大份，一份大約等於潮汕牛肉火鍋的三份肉左右！我兩個人吃兩碟就已經很飽了，未能幫大家多嚐幾個部位。

九記超級燒

📍 沿江路 240 號　🕐 17:30~02:30

除了火鍋吃法，高明人更喜歡用炭火來燒牛肉，九記超級燒是其中一家名氣比較大的。

▶ 高明人吃烤牛肉喜歡配搭不同的調味料，所以每桌桌上都擺放了 7 到 8 款任君選擇，其中比較推薦的是蜂蜜和黑椒汁。由於港人平時去郊外 BBQ 也喜歡這兩款調味，因此高明的烤肉肯定很符合我們的口味。當然這裏除了肉更新鮮，價格更便宜，更重要的是可以在有冷氣的環境下舒舒服服吃碳火烤肉啦！

▼ 雖然我更喜歡蜂蜜，但這裏的黑椒汁的確不錯，黑椒味很香濃，甚至能見到不少黑椒顆粒。

▼ 牛舌（￥49）
這裏的牛肉真的很便宜，例如這碟牛舌切得比坊間同價位的厚很多，也更能品嚐其鮮嫩彈牙的口感。

▲ 牛胸油（￥49）
有別於深圳烤肉店會有店員幫忙燒肉，高明的跟香港一樣，都是要自己燒的，所以燒某些特別部位時就要格外留神。例如牛胸油（即牛心旁富含脂肪的軟組織）油脂含量較高，燒烤時融化的油滴在碳火上會「搶火」，容易燒焦，所以建議放在火爐邊緣烤比較好。

▲ 花邊（￥42 / 小份）
九記也有不同牛肉部位選擇，當中最招牌的也是花邊。老實說牛肉香味跟大戚差不多，勝在真的很新鮮，口感超級嫩滑。

◀ 紫蘇葉（￥8）
如果覺得只吃肉有點油膩，可以點一份生紫蘇葉，裹着肉一起吃。

發記炭燒牛肉

址 常安食街 9 號　　**時** 17:30~02:00

發記炭燒牛肉是另一家受歡迎的炭燒牛肉店，招牌是牛椒（即大戚飯店的牛焦，￥40／小份），不過我反而覺得沒有其他部位那麼好吃，醃製味道過重，而且口感過軟沒彈性，有點像用鬆肉粉醃製過。

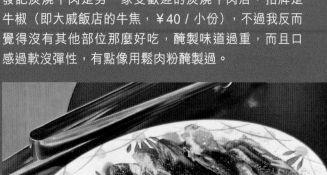

▼ 新鮮牛舌（￥45／小份）

▲ 招牌雪花牛肉（￥40／小份）
其他牛肉部位真的很不錯，特別是雪花牛肉，我覺得及得上較低等級的和牛肉，也是我在高明區吃過的三家牛肉專門店之中質素最高的一家。

▲ 牛椒。

▲ 秘製豬頸肉（￥30）
和九記一樣，這裏也有提供非牛肉的肉類，例如豬頸肉。這裏的也切得比九記的大塊，吃起來更滿足。

2023 年 1 月
OPEN

佛山花田喜事
農耕
創意樂園

農耕主題鄉村樂園

地 高明區城十路下石塘
時 09:00~17:30
費 ￥28，部分項目需另收費
🕐 建議遊覽時間：1.5~3 小時

佛山有不少以農耕作為主題的樂園，例如前文介紹過，位於禪城區的阿農灣。而高明區則有約 20 年歷史，規模更大的盈香生態園，不過由於該園過去數年變化不大，此處介紹從略。這次就講講 2023 年年初開幕的花田喜事。

▼ 因佔地面積較大，這裏的花海更具規模，打卡效果更好。

▲ 花田喜事有很多地方跟阿農灣十分相似，例如都有兒童遊樂設施及歷奇遊戲可供遊玩。

▼ 也有彩虹滑梯，是本書各景點中同類滑梯最長的一條。

➤ 由於這裏尚算簇新，設備保養較好，感覺比阿農灣的安全，不過就缺少了像阿農灣般可供遊人體驗的傳統農耕器具。

▲ 這裏也有不少造型可愛，甚至有點搞笑的雕塑可供打卡。

◀ 整個樂園其實是將一條鄉村的荒廢地改建而成，所以樂園內有多棟仍有人居住的村屋，亦有不少村民保留自用的田地穿插其中。雖然在這裏看到這番景象有點奇怪，不過卻令這個樂園更具鄉土氣息。

附近景點

2022 年 12 月 OPEN

東門圩 1475

➤ 明代的東門圩其實是高明的縣治地，即當時的「市中心」，附近還有一座同樣始建於明萬曆年間的文昌塔。

▲ 到花田喜事遊玩後需要用膳的話，除了可以光顧園內的「高明大飯堂」，亦可以到只需 10 分鐘車程的東門圩步行街。這是一條仿民國風的步行街，雖然現時出租率只有一半左右，但已營業的主要都是餐廳。儘管到訪當日步行街比較冷清，不過中午時段這些餐廳的生意大都不錯，頗受本地食客歡迎。

▲ 雖然這裏要重現昔日輝煌仍需加倍努力，但明顯高明花了不少心思去活化整條步行街，更設計了一隻很可愛、舞獅形象的吉祥物，隱藏在步行街之中。

2022 年 5 月 OPEN

LAVENDER 1922 農場部落

澳洲風格放養農場

- **地** 高明區大道 1922 號
- **時** 09:00~22:00（19:00 停止入場）
- **費** 成人票￥52、兒童票￥28
  飼料等其他項目另收費
- **🕐** 建議遊覽時間：1.5 小時

網上有不少人説來到 LAVENDER 1922 玩，會有種身處澳洲的感覺。除了因為建築和裝飾都很像西式農場外，更重要的是這裏的動物都是放養的，可以在農場範圍內自由走動及吃草。

◀ 農場內主要飼養各種羊隻。由於羊隻群居的習性，牠們經常會朝同一方向吃草，有點搞笑。

◀ 俗稱草泥馬的羊駝，不過要小心，牠們可能會對你吐口水！

▼ 這裏也有飼養兩匹駿馬，遊客可付費（¥50）騎乘拍照打卡。不過為安全起見，體驗期間全程會有教練牽住韁繩，而且只會繞着牧場內圍走一圈，大概只有 5 分鐘，時間有點短。另外這裏沒有提供任何保護裝備，所以會有一定程度危險。

▶ 這裏還有不同風格及價位的民宿可供入住，讓你體驗「農場生活」，例如這幾間很像帳篷的民宿。

▲ 大門旁邊還有越野卡丁車場。

▲ 總括而言，如果你喜歡打卡，這裏可以輕鬆拍到西式牧場風格照片。不過這裏交通不太方便，而且面積不算很大，對拍照興趣不大的人可能會覺得門票稍貴。

附近景點

旺林藝術花園 | 2023 年 4 月 OPEN

地 高明區石洲村委會大道北 100 米
費 成人票 ¥50、小童票 ¥25

在 LAVENDER 1922 旁邊還有 2023 年開幕的旺林藝術花園，這是由一家花卉公司經營，需付費入場的園區，大部分是用來售賣各種花卉植物。

◀ 雖然據網上的宣傳介紹，這裏有不少打卡位和體驗項目，亦有飼養多種動物。不過親身體驗過後覺得園區不但十分細小，也嚴重貨不對辦，成人門票要 ¥50 是完全不合理。

2022 年 10 月 OPEN

NUTCAMP
堅果露營地

超美露營地、野外文創體驗館

地　明城鎮陳村水庫旁
時　10:00~18:00
費　不過夜 ￥60 / 人起
　　過夜 ￥80 / 人起

山湖谷是一個很有故事的地方，它曾是煤礦場，也經歷過山火。及後一棵棵堅果樹被重新栽種在光禿禿的山頭上，所以這裏多個新開發的項目都是以「堅果」命名。

◀ 黑色的山坡岩壁，正是以往煤礦場開鑿後剩下的原煤。

▶ 配套還有無人自助小賣部，供應各種露營及生活用品。

導航到「堅果露營地」，下車後沿著露營地指示牌走，很快就來到一個湖泊，加上旁邊因以往開鑿煤礦而成的懸崖峭壁，整個畫面會令你以為自己不是身處廣東，而是新疆的自然風貌，美得讓人感到窒息！

想更仔細欣賞這裏的美景？可以考慮在這裏紮營！湖泊其中一旁的碎石地就是露營專用地，雖然在這裏露營需要收費，不過配套設施十分齊全。

▲ 富含礦物質的湖水不但十分清澈，而且呈碧綠色，美不勝收。

▲ 露營地設計得很有美感，例如在靠山的大空地中央，橫放着一棵枯樹，更添幾分荒野氣息。

◀ 露營地設有男女獨立浴室，更提供熱水淋浴，即使天氣稍冷也能舒舒服服體驗露營。

▲ 注意營地範圍外（即湖泊的另一邊）可免費遊覽拍照，唯不可野餐或露營。

堅果文創館

時 預約制

在下車點旁，還有堅果文創館及堅果咖啡館。到訪當天堅果文創館還在籌備中，尚未正式營業，不過剛好碰到負責人，她就向我詳細介紹這裏將來的發展大計。

有別於坊間的文創店通常售賣文創精品，這裏只提供收費的體驗課程。由於這裏位處山野之間，所以能體驗的手作大多是就地取材，用天然的原材料製成。

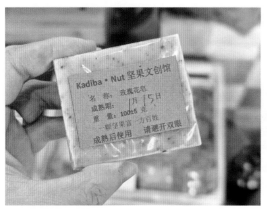

▲ 例如加入堅果碎的肥皂。

▲ 透明的鮮花肥皂。

▲ 負責人表示她現在同時營運藝術教育機構，所以希望這裏可以做到寓教於樂，讓參加者學習與大自然相關的知識。當文創館正式開放，將可透過微信小程式預約體驗課程。另外這裏也在興建更大的場館，可容納更多人上課。

◀ 用天料植物印製圖案的布料，是真正的「花紋」XD。

堅果咖啡館

時 10:00~18:00

如果你對露營或者手作體驗興趣不大,也可以來堅果咖啡館喝杯飲料。不過說實話這裏的出品比較一般,服務態度也有待改進。勝在是一間真正開在野外的露營風咖啡店,可以感受遠離煩囂的寧靜。咖啡館旁將來還會開一家餐廳,不過暫時未有開業時間表。

▼ 雖然這裏毫無裝修可言,整家餐廳只是用鐵皮簡單搭成,菜單也十分簡單,只有寥寥十多款菜式,不過用的食材絕對百分百新鮮!話說農莊旁就是一塊田地,只見每當有客人下單,店員就會下田去尋找相應食材——例如在田裏挖一塊粉葛,或是去雞場抓一隻雞現殺現煮。

附近美食

瘦身魚農莊

地 高明區西安河村 2 號商舖
時 09:30~21:00

山湖谷很靠近高明著名的農耕主題樂園——盈香生態園。而在樂園附近的村莊,有不少主打農家菜的農莊,堅果文創館的負責人向我推介一家主要做本地人生意的店。

▼ 只用芫荽、葱及鹽來清蒸的鯇魚,在沒有放入薑片的情況下居然完全不腥,也沒有泥味,只有鯇魚的鮮味!這是我第一次吃到完全沒有腥味的鯇魚,很神奇!

▲ 而鯇魚頭及尾則拿去製作菜湯,簡簡單單的做法,健康又美味,唯一要挑剔的是略為鹹了一點。

稻田火車
火車餐廳農家樂

在萬畝稻田旁火車上用餐

地 明城鎮芹水村楊西大道北方畝
稻田晟凡農旅園

時 09:30~20:00

建議遊覽時間：1~2 小時

高明有個地區叫做「萬畝稻田」，是佛山最大面積的稻田，疫情前已吸引不少人特意過來打卡。之所以能做到「萬畝」，其實是由多個農業園組合而成。而在疫情期間為吸引更多遊客到訪，其中一個農業園就拉來了一架報廢了的綠皮火車，停泊在稻田旁，並加以復修，改建為火車餐廳。